C.H.BECK ■ WISSEN

in der Beck'schen Reihe

W0033509

Johannes Calvin (1509–1564) hat Luthers Reformation so erfolgreich weitergeführt wie kein anderer. Durch sein Wirken
konnte sie sich über Genf hinaus in Westeuropa und vor allem
in Nordamerika ausbreiten. Doch bis heute ist der strenge Jurist
und Theologe hoch umstritten. War er ein geistlicher Diktator
oder einer der wichtigsten Gestalter der westlichen Zivilisation?
Christoph Strohm zeichnet knapp und anschaulich die entscheidenden Stationen seines Lebens und Wirkens nach und macht
deutlich, warum Calvin bis heute die Gemüter erregt.

Christoph Strohm, geb. 1958, ist Ordinarius für Reformationsgeschichte und Neuere Kirchengeschichte an der Ruprecht-
Karls-Universität Heidelberg und Mitglied der Heidelberger Akademie der Wissenschaften.

Christoph Strohm

JOHANNES CALVIN

Leben und Werk des Reformators

Verlag C. H. Beck

Gottfried Seebaß (1937–2008)
zum Gedenken

Mit 3 Abbildungen und 2 Karten

Originalausgabe

© Verlag C. H. Beck oHG, München 2009
Satz: Fotosatz Reinhard Amann, Aichstetten
Druck und Bindung: Druckerei C. H. Beck, Nördlingen
Umschlagentwurf: Uwe Göbel, München
Umschlagbild: Portrait Calvin, Gemälde, Frankreich, um 1555,
Museum Boymans-van Beuningen, Rotterdam
Karten auf den Umschlaginnenseiten: Peter Palm, Berlin
Printed in Germany
ISBN 978 3 406 56269 3

www.beck.de

Inhalt

Einleitung

Bild und Wirklichkeit des Reformators. Schon in der zweiten
Hälfte des 16. Jahrhunderts sprachen die Gegner des reformierten Protestantismus von «Calvinismus» und nannten dessen
Vertreter «Calvinistae» bzw. «Calvinisten». Insbesondere durch
Max Webers und Ernst Troeltschs Forschungen zu Beginn des
20. Jahrhunderts ist der Begriff «Calvinismus» auch in der wis-
senschaftlichen Darstellung etabliert worden. Man kann diesen
Sprachgebrauch als Indiz für die zentrale Rolle, die Calvin für
die Entwicklung des Reformiertentums gespielt hat, bewerten.
Dabei erscheint es durchaus fraglich, ob die Rede vom «Calvinismus» der Pluralität der Theologen und Theologien im reformierten Protestantismus gerecht wird. Der Genfer Reformator
ist nur einer unter mehreren Theologen, die durch das gemeinsame Engagement für eine konsequente Durchführung der Reformation geeint waren. Alle leisteten ihren spezifischen Beitrag
zur Ausbreitung der Reformation in der Schweiz, in Westeuropa, Teilen des Heiligen Römischen Reiches Deutscher Nation,
Südosteuropa und schließlich auch in der Neuen Welt. Calvin
aber wurde bald von den römischen Gegnern als der gefähr-
lichste unter den Ketzern identifiziert und erlangte durch sein
Wirken und sein Schrifttum in den eigenen Reihen höchstes Ansehen.

In eigenartigem Kontrast zu dem umfassenden reformatorischen Werk und dem hohen Ansehen steht die Kargheit an Informationen, die über Calvins persönliche Lebensumstände erhalten sind. Weder über seine familiäre Situation noch über die
frühen geistigen Einflüsse, noch über sein physisches und emotio-
nales Befinden ist viel bekannt. Zuallererst liegt das daran, dass
Calvin sich über seine persönlichen Lebensverhältnisse nur außerordentlich zurückhaltend geäußert hat. Während der Wittenberger Reformator Martin Luther sich freimütig über alle mög-

lichen persönlichen Lebensumstände bis hin zu den Beschwernissen durch verschiedenste Krankheiten ausgelassen hat, bleibt Calvin hier eigenartig still, ja widerwillig. «Von mir selbst spreche ich nicht gern. Weil Ihr mich aber nicht länger schweigen lasst, will ich reden, soweit ich es, ohne unbescheiden zu werden, vermag», schrieb er einmal (CO 5,389; OS 1,460; CStA 1/2,357, Zl. 2–5). Zwar wurden bald auch über den berühmt gewordenen Calvin Geschichten erzählt und aufgeschrieben, aber eine Luthers Tischreden entsprechende Quelle fehlt. Nur in vereinzelten Briefen an enge Freunde und Mitstreiter öffnet Calvin sein Herz und schildert sein Leiden in dieser Welt. Das sind kurze erhellende Momente, aber ansonsten sucht Calvin seine Person ganz hinter der Sache zurücktreten zu lassen. Er wollte nicht einmal eine lokalisierbare Grabstätte, die zum Ausgangspunkt von Verehrung hätte werden können. So ließ er sich ohne Grabstein auf dem Friedhof Plainpalais vor den Toren Genfs beerdigen.

Erst zum 400. Geburtstag im Jahre 1909 begann eine intensive Diskussion in der Stadt, ob man Calvin nicht endlich auch einen Erinnerungsort schaffen müsste – wie dem zu seinem 400. Geburtstag im Jahre 1883 mit mehreren großen Denkmälern gewürdigten Luther. Schließlich entschied man sich bezeichnenderweise nicht für ein Denkmal, das die Person Calvins ins Zentrum stellt, sondern für eines, das die politischen Wirkungen der Reformation thematisiert, die von Calvin und Genf ausgegangen sind. Die Mur de la Réformation gegenüber dem alten Hauptgebäude der Genfer Universität zeigt in der Mitte Calvin mit seinen Mitstreitern Guillaume Farel, John Knox und Theodor Beza, darüber hinaus aber auch Skulpturen von dem Calvinismus verbundenen politischen Führern. Dazwischen sind acht großformatige Reliefs mit einzelnen Szenen der frühneuzeitlichen Freiheitsgeschichte dargestellt, die mit der Gestaltwerdung und Ausbreitung des Calvinismus verbunden waren: unter anderem die Unterzeichnung des Edikts von Nantes am 13. April 1598 und die Annahme der Unabhängigkeitserklärung durch die niederländischen Generalstände in Den Haag im Jahre 1581.

Bei aller Zurückhaltung im Blick auf seine persönlichen Verhältnisse konnte das Leben eines im Zentrum der religiösen und

politischen Konflikte der Schweiz,
Frankreichs, Schottlands und bald
auch des Reiches stehenden Mannes
nicht im Verborgenen bleiben. Die
Gegner suchten die Person Calvins
zu diskreditieren. Früh wurden Ge-
rüchte verbreitet, Calvin sei Ergebnis eines Ehebruchs oder wegen Homosexualität aufgefallen. Autoren,
die zeitweilig Anhänger der Reformation waren, taten sich durch besonders kritische Darstellungen hervor. So veröffentlichte der Arzt und
ehemalige Karmelitermönch Hieronymus Bolsec, der Anfang der fünfziger Jahre mit Calvin über Fragen

1   Johannes Calvin
Gemälde aus der Holbein-Schule
(Wallonisch-niederländische
Gemeinde zu Hanau)

der Prädestination in einen heftigen Streit geraten war, im Jahre
1577 eine Biographie, die alle Kennzeichen einer Anti-Heiligen-
vita zeigt. Calvin wird als ein solch «hoffärtiger», «vermessener»,
«ehrgeiziger», «rachgieriger» und letztlich stupider Mensch beschrieben, dass man seinesgleichen kaum auf dieser Welt finde
(vgl. Bolsec 1580, Blatt B3ᵛ). Schon der Vater sei ein «überaus
großer Gotteslästerer» gewesen, und er selbst sei in seiner Jugend
eines «sodomitischen Lasters» überführt und nur wegen der Gut-
mütigkeit des Bischofs nicht hingerichtet worden (Bolsec 1580,
Bl. C3ʳ). Die Auseinandersetzungen des konfessionellen Zeital-
ters prägten die frühen Lebensbeschreibungen Calvins in erheblichem Maß. Im Jahre 1605 stellte ein weiterer zeitweiliger Anhänger der Reformation, der Richter Florimond de Raemond,
unter dem bezeichnenden Titel *L'histoire de la naissance de
l'hérésie* Calvin als «Luther Frankreichs» und den gefährlichsten
Vertreter der verderblichen Irrlehre dar. Schon die Deutung der
Sterne lieferte de Raemond die entscheidenden Argumente für
den verhängnisvollen Verlauf des Lebensweges Calvins. Der Geburtstag dieses Mannes sei «der Anfang unserer lang andauernden Misere» gewesen (vgl. de Raemond 1618, 878–881).
    Natürlich suchten die Mitstreiter und Anhänger Calvins des-

sen Ansehen gegen die verbreiteten Angriffe zu verteidigen. Bereits ein Vierteljahr nach Calvins Tod, am 19. August 1564, brachte Theodor Beza eine erste von mehreren Lebensbeschreibungen zum Druck. Schon im Titel kam das apologetische Interesse zum Ausdruck, denn das Werk sollte nicht nur eine Lebensbeschreibung, sondern gerade auch eine Darstellung des gottergebenen und glaubensgewissen Sterbens Calvins sein («l'histoire de la vie et mort», vgl. CO 21,1–172, bes. 5–8). Ein anderer enger Mitarbeiter Calvins in Genf, Nicolas Colladon, ergänzte Bezas Darstellungen schon im Jahre 1565 durch weitere Einzelheiten zur Biographie. Calvin wird hier als unermüdlicher Streiter für die Sache Christi ins rechte Licht gesetzt, doch halten sich bei aller Apologetik die hagiographischen Tendenzen in engen Grenzen.

Die außerordentlich kontroverse Beurteilung Calvins dauert bis in die Gegenwart an. Auch wenn heute die Grenzlinien nicht mehr zwischen den Konfessionen verlaufen, erfuhr Calvin noch im 20. Jahrhundert scharfe Verurteilungen. Anlass zur Kritik waren nun in erster Linie die mit dem Anspruch einer konsequenten Reformation verbundenen gesellschaftlichen Folgen. Die Versuche, das christliche Gemeinwesen im Sinne des biblischen Gesetzes zu gestalten, waren zwar in der Frühen Neuzeit ausgesprochen attraktiv und entsprachen dem Geist der Konfessionalisierung, mussten aber mit modernen Vorstellungen von individueller Glaubens- und Gewissensfreiheit in Konflikt geraten. So hat Stefan Zweig in seinem 1936 zum ersten Mal erschienenen Roman *Castellio gegen Calvin. Ein Gewissen gegen die Gewalt* Calvin angesichts der Erfahrungen der nationalsozialistischen Gewaltherrschaft zu einer Symbolfigur der Unterdrückung von Geist und Gewissen stilisiert. Auf der anderen Seite ist Calvin und dem Calvinismus eine außerordentliche Gestaltungskraft zugesprochen worden. Calvinistisch geprägte Wahrnehmungs- und Verhaltensmuster hätten nicht nur Formen kapitalistischen Wirtschaftens befördert, sondern auch maßgeblich zu der Art von Rationalisierung beigetragen, die für den Umgang mit der Welt in der westlichen Zivilisation charakteristisch geworden ist. Auch im Bereich der Entstehung der modernen Naturwissenschaften,

der historisch-kritischen Bibelerforschung, der Vorgeschichte der
Demokratie oder der Begründung des Rechts auf Widerstand ge-
gen tyrannische Herrschaft wurde ein besonderer Beitrag der
Lehren Calvins konstatiert.

Tendenzen hagiographischer und verleumderischer Darstellungen wurden auch durch auffallend gegensätzliche Wesens-
züge und Ambivalenzen, die sich in Calvins Persönlichkeit und
Lebensweg gleichermaßen finden, gefördert. Einerseits sehen wir
einen Menschen schwächlicher Gesundheit, der zeitlebens mit
Krankheiten unterschiedlichster Art zu kämpfen hatte. Andererseits zeigte Calvin bis zuletzt eine außerordentliche mentale Stär-
ke und bewältigte bis in seine letzten Tage hinein ein enormes
Arbeitspensum. Von heftigen Kopfschmerzen und anderen kör-
perlichen Leiden niedergeworfen, setzte er sein schriftstelleri-
sches Wirken im Dienste der Reformation schließlich noch vom
Bett aus diktierend fort. Einerseits ist Calvins ganzes Bestreben
darauf gerichtet, die Person hinter seinem Werk zurücktreten zu
lassen, andererseits machen ihm Ungeduld, Reizbarkeit und
Zorn ein um das andere Mal einen Strich durch die Rechnung.
Einerseits sieht sich Calvin selbst als «schüchtern, sanft und zag-
haft» (CO 31,26; vgl. CO 21,43), andererseits ist er alles andere
als konfliktscheu und behauptet vielfach seine Positionen kompromisslos gegen heftigste Widerstände. Einerseits tritt uns in
den wenigen erhaltenen bildlichen Darstellungen wie in seinem
Schrifttum ein Mensch entgegen, der sich selbst und anderen bis
an den Rand der Kräfte Disziplin abverlangt, andererseits kann
er dem vertrauten Freund in ergreifender Weise seine ganze innere Not und Verzweiflung offenbaren, als der Tod ihm die ge-
liebte Ehefrau entreißt (siehe unten Seite 52).

Aufgewachsen im Schatten der Kathedrale von Noyon in einer von der Kirche dominierten feudalen Welt, waren die Orte
seines weiteren Lebens hingegen allesamt Städte, die Zentren
des geistigen, politischen oder wirtschaftlichen Lebens und zugleich der Umbrüche zu Beginn der Moderne wurden. Seine
Ausbildung begann an einem der strengsten und theologisch
konservativsten Collèges in Paris, das Jurastudium absolvierte
Calvin jedoch an den beiden Universitäten, welche im Begriffe

waren, die Zentren der neuen humanistischen Jurisprudenz zu werden. Er begann sein geistiges Wirken als leidenschaftlicher Anhänger der humanistischen Bewegung, und zeitlebens blieben deren Auswirkungen auf sein reformatorisches Werk prägend. Zugleich rief gerade er später zu einer konsequenten Abgrenzung gegen humanistisch-reformkatholisch orientierte Weggefährten auf.

Calvins Werk ist voller scharfer und polemischer Abgrenzungen gegen «die Papisten». Zugleich kann er – wie zum Beispiel in der *Kurzen Abhandlung vom Heiligen Abendmahl* von 1541 (CO 5,429–460; OS 1,503–530; CStA 1/2,442–493) – in ökumenischem Geist für die Überwindung der innerprotestantischen Gegensätze werben. Von Anfang an hat Calvin sich gegen jede Art von Aufrührertum abgegrenzt und immer einen starken Sinn für Autorität und die selbstverständliche Geltung hierarchischer Lebensverhältnisse gezeigt. Zugleich hat er wie nur wenige andere zu den tief greifenden, umstürzenden Veränderungen in Frankreich am Beginn der Moderne beigetragen. Sein Leben lang hat er energisch betont, dass die himmlische Welt die wahre Heimat der Christen sei. Und doch hat er sichtbar daran gelitten, dass er als Exilierter fern der Heimat leben musste. Calvin war seit seinem 25. Lebensjahr ein um des Glaubens willen verfolgter Flüchtling. Zugleich hat er selbst mit aller Konsequenz sein reformatorisches Projekt verfolgt und gegen jede Art von Gefährdung durch Abweichung, Liberalität und Irrlehre verteidigt. So ist er selbst mitverantwortlich für die Exilierung und sogar Hinrichtung von Abweichlern geworden.

Ein Lebensbild Calvins darf die Spannungen, die Person und Lebensweg kennzeichnen, nicht auflösen, sondern muss sie vielmehr herausarbeiten und zu erklären suchen. Angesichts der Abneigung Calvins, über das eigene Leben Auskunft zu geben, und angesichts des Mangels an Quellen zur familiären Situation sowie zu Kindheit und Jugend bleibt nur *ein* gangbarer Weg: Es sind die prägenden Einflüsse auf den Schüler, Studenten und angehenden Reformator zu rekonstruieren und mit den besonderen Herausforderungen, vor die Kirche und politisches Gemeinwesen im 16. Jahrhundert gestellt waren, in Beziehung zu setzen. Nur so wird auch die Ausstrahlungskraft von Calvins reformatorischem Wirken verständlich. Calvin war ein Reformator, in dem sich die Widersprüche einer im Umbruch befindlichen Welt spiegeln. Er war eine der Persönlichkeiten, in denen der Geist der Zeit in besonders klarer Weise Ausdruck fand.

Welt im Umbruch. Calvins Wirken als Reformator fällt in eine Zeit tief greifenden Wandels. Der Wandel von der mittelalterlich-ständischen, wesentlich auf personale Bindungen gegründeten Ordnung hin zum frühmodernen Territorialstaat war in Frankreich in vollem Gang. Der französische König Franz I. (reg. 1515–1547) konnte die Zentralisierung der Macht in Paris vorantreiben und das der Krone zur Verfügung stehende Land beträchtlich erweitern. Durch Reformen des Steuerwesens steigerte er die Einnahmen erheblich. Unter seiner Herrschaft verdoppelten sich die Steuern für Bauern, die Salzsteuer verdreifachte sich. Die von ihm angeregte Bautätigkeit unterstrich seine Machtansprüche. Durch Abschaffung althergebrachter Privilegien und die Förderung eines Amtsadels («noblesse de robe») schuf er eine Bürokratie, die seine Herrschaft exekutieren konnte. Im Jahre 1539 wurde ein Edikt erlassen, das vorsah, dass alle Gerichtsurteile und -akten in französischer Sprache abzufassen seien. Bereits im Jahre 1516 hatte Franz I. ein Konkordat mit dem Papst geschlossen, in dem er sich weitgehende Rechte in der Kirche Frankreichs – vor allem die Ernennung der Bischöfe – sicherte und den Zugriff auf den Besitz der Kirche erleichterte.

Die Modernisierungsbestrebungen des Königs führten zu Konflikten mit den Hütern der Tradition in der Kirche. Die Steigerung staatlicher Herrschaftskompetenz in Gestalt des Ausbaus der Verwaltung und der Organisation des Steuerwesens bedeutete einen erhöhten Bedarf an zivilrechtlich geschulten Juristen. Nicht mehr Kleriker, sondern Juristen waren die Träger der Entwicklungen. Die intellektuelle Meinungsführerschaft ging von den Klerikern auf die Juristen über – messbar zum Beispiel an der Größe der in Privatbesitz befindlichen Bibliotheken. Die Theologen der Sorbonne sahen die Entwicklungen kritisch und bestanden darauf, dass die Juristenausbildung in Paris durch das kanonische Recht geprägt blieb. Insbesondere die Förderung einer eigenen Ausbildungsstätte in humanistischem Geist, die sich dem Studium der drei alten Sprachen widmen sollte, stieß auf Widerstand. Treibende Kraft der Einrichtung der «lecteurs royaux», die den Ausgangspunkt des späteren Collège de France darstellten, war der Jurist und Humanist Guillaume Budé. Die Theologen der Sorbonne protestierten gegen die «ketzerische» Auffassung, dass die Kenntnis der Ursprachen für die Auslegung der Bibel notwendig sein sollte. Der König exponierte sich zwar in diesen Auseinandersetzungen nur mit Einschränkungen auf Seiten der Humanisten, ließ aber zugleich dem Humanismus vielfältige Förderung zukommen.

Die humanistische Bewegung entwickelte sich in Frankreich in sehr unterschiedliche Richtungen weiter. Budé blieb ähnlich wie Erasmus von Rotterdam, der die Kirche im Sinne eines an den Anfängen orientierten Programms einer «philosophia christiana» reformieren wollte, bis zuletzt ein loyaler Angehöriger der römisch-katholischen Kirche. Deutlich stärker als kritischer Reformer präsentierte sich Jacques Lefèvre d'Etaples. Ursprünglich auf die Wiederentdeckung des unverdorbenen und von mittelalterlich-scholastischem Ballast befreiten Aristoteles ausgerichtet, begann er sich unter dem Einfluss der italienischen Platon-Renaissance mit neuplatonischer Mystik zu befassen. Sein späteres Werk ist durch die philologische Arbeit an den biblischen Texten bestimmt. Sie reicht von der Erstellung einer kritischen Ausgabe des Textes der Psalmen über eine französische Bibelübersetzung bis hin zur Kommentierung der Paulusbriefe. Mit seiner Aufnahme des mystischen Erbes, der Betonung der geistlichen Bedeutung des Bibeltextes und der paulinischen Christozentrik hat er viele humanistische Reformer in der Kirche inspiriert.

Für eine ganz andere Richtung des französischen Humanismus steht der Dichter François Rabelais. Humanisten dieser Richtung verstanden sich zwar nicht als christentumsfeindlich, hingen aber dem Ideal einer durch den Geist des Humanismus geformten, freien Gesellschaft an. Entsprechend findet sich in

Rabelais' literarischem Werk kein Bestreben, die paganen Elemente des antiken Erbes auszusondern. Vielmehr werden diese vielfach genüsslich und scharfzüngig ausgebreitet, auch wenn sie im Widerspruch zu christlichen Lehren standen.

Calvin hat zu allen drei genannten Vertretern des französischen Humanismus eine spezifische Beziehung gehabt. Budé war in den Scheidungsprozessen von Humanismus und Reformation vom bewunderten Vorbild zum Gegner geworden. Lefèvre d'Etaples ist Calvin kurz vor seinem Tod im Jahre 1536 persönlich begegnet, ohne dass der Ältere aber die Schritte einer klaren Trennung von der päpstlichen Kirche befürwortete, die der junge Humanist gerade zu vollziehen begann. Rabelais stand in den Augen des Reformators exemplarisch für den glaubenslos gewordenen Humanismus, den es in aller Klarheit zu bekämpfen galt (CO 8,44 f.; OS 2,201 f.). In der 1550 fertiggestellten Schrift *De scandalis* (CO 8,6–84; OS 2,162–240) hatte Calvin Humanisten wie Rabelais vor Augen, die sich erst dann für gelehrt halten würden, wenn sie Gott verspotteten und das Evangelium verachteten.

Zuvor hatte sich Calvin mit den Humanisten auseinandergesetzt, die, wie anfangs auch er selbst, Reformen innerhalb der päpstlichen Kirche anstrebten. Führer und Förderer der humanistisch gesinnten Reformer war Guillaume Briçonnet, Bischof von Meaux, der bereits seit 1521 in seiner Diözese Reformen umzusetzen suchte. Zu seinen Mitarbeitern gehörte unter anderem Gérard Roussel, der schon Anfang der zwanziger Jahre reformatorisches Gedankengut kennengelernt hatte. Die evangelisch-reformerisch gesinnte Gruppe in Meaux erhielt Unterstützung durch Marguerite d'Angoulême (seit 1527 Königin von Navarra), die Schwester des Königs, und mit Einschränkungen auch durch diesen selbst. Als Franz I. nach dem verlorenen Krieg gegen Kaiser Karl V. in Gefangenschaft geriet, flohen Roussel und Lefèvre d'Etaples angesichts der Anklagen der Theologen der Sorbonne nach Straßburg. Ein Jahr später wurde Roussel Hofprediger Marguerites und wirkte dann noch bis in die fünfziger Jahre hinein im Süden Frankreichs als Bischof.

In den Kreisen der humanistisch geprägten Reformer Frankreichs wurden Luthers reformatorische Gedanken schon früh aufgenommen. Die alsbaldige Verurteilung durch die Sorbonne im März 1521 konnte nicht verhindern, dass Luthers Schriften seit 1524 ins Französische übersetzt wurden und Verbreitung fanden – allerdings mit Verzögerungen. Im Heiligen Römischen Reich Deutscher Nation konnte sich die Reformation Luthers in zahlreichen Reichsstädten und Territorien rasch durchsetzen, weil sie sich mit dem Interesse der Magistrate und Fürsten verband, die Kompetenz der weltlichen Obrigkeiten auch in kirchlichen Angelegenheiten auszuweiten. In Frankreich hingegen, wo der König bereits einen weitgehenden Zugriff auf die Kirche gewonnen hatte, fielen Territorien und Städte als Instanzen staatlichen Handelns weitgehend aus.

Wie im Reich resultierten in Frankreich die Erfolge der Reformation, die über innerkirchliche Reformen hinaus auf einschneidende Veränderungen drängte, aus den grundlegenden Strukturproblemen der spätmittelalterlichen Kirche. Diese war als größte Grundbesitzerin Teil der feudalen Ordnung. Sie stand der Entwicklung frühmoderner Territorialstaatlichkeit entgegen, denn hier lag die gesamte obrigkeitliche Kompetenz über alle Bevölkerungsteile in der Hand einer einzigen Gewalt. Weiterhin beruhte das spätmittelalterliche System der Heilsvermittlung wesentlich auf der herausgehobenen Stellung der priesterlichen Amtsträger. Denn diese waren die Spender der Sakramente, die das entscheidende Transportmittel des Heils bildeten. Angesichts des Aufstiegs gebildeter Schichten in die führenden Stellungen der Gesellschaft und der Etablierung eines selbstbewussten Stadtbürgertums war die religiöse Überhöhung eines vielfach mangelhaft gebildeten und weltlichen Genüssen zusprechenden Priestertums zunehmend anstößig. Und schließlich musste die sakramentale Heilsvermittlung mit ihren magisch-materialistischen Tendenzen ganz grundsätzlich an Plausibilität verlieren. Dies geschah zuerst bei denen, die Zugang zu Bildung hatten und den Anspruch entwickelten, die biblischen Texte selbst zu lesen. Ein Heilszugang ohne authentisches Hören und Verstehen und eine Rede von Gott, die ihn mit Weltlich-Menschlichem zu vermischen drohte, musste in wachsendem Maße Anstoß erregen; und dies ganz besonders, wenn sich die religiöse Verehrung wider den Geist der Bibel in Gestalt der Heiligenverehrung bzw. -anrufung und eines ausufernden Reliquienkults ganz offensichtlich auf Personen und Gegenstände dieser Welt richtete. Es hat im Bereich der französischen Reformation niemand anderen gegeben, der so sprachgewaltig, kompromisslos und wirkungsvoll die fundamentale Kritik an diesen Missständen vorgetragen hat wie Calvin. Nicht zufällig ist ein 1543 zum ersten Mal gedruckter Traktat *Über die Reliquien* (CO 6,405–452), der diesen Themen gewidmet war, sein am häufigsten nachgedruckter Text überhaupt geworden (zwanzig Editionen bis 1622).

1. «Im Schatten einer Kathedrale»: Kindheit und Jugend

Jean Cauvin – so die ursprüngliche, noch nicht latinisierte Namensvariante von Johannes Calvin – wurde am 10. Juli 1509 in dem Städtchen Noyon in der Picardie geboren. Noyon, knapp 100 Kilometer nördlich von Paris gelegen, war Bischofssitz der Grafschaft Vermandois und Zentrum des Getreidehandels der Region. Geprägt war die Stadt durch die Präsenz des Bischofs und ein seit Jahrhunderten gewachsenes kirchliches Leben. Seit den Zeiten Karls des Großen hatte sich Noyon zum kirchlichen Mittelpunkt Nordfrankreichs entwickelt. Calvins Vater, Girard Cauvin, stammte aus einer Familie von Flussschiffern und Handwerkern der Umgebung. Seit 1481 in Noyon lebend, konnte er 1497 das Bürgerrecht erwerben. Zuerst einfacher Kanzleibeamter, stieg er zum Anwalt bei der bischöflichen Gerichtsbehörde und Sekretär des Bischofs auf und wurde schließlich apostolischer Notar und Promotor des Domkapitels. Diesen Aufstieg verdankte er seinem unermüdlichen Einsatz, den besonderen juristischen wie ökonomischen Fähigkeiten und nicht zuletzt der Protektion von Charles d'Hangest, der seit 1501 Bischof von Noyon war, und dessen seit 1525 als Nachfolger wirkendem Neffen, Jean d'Hangest. Am Ende der jahrzehntelangen Zusammenarbeit mit den geistlichen Herren kam es jedoch zu Auseinandersetzungen um die Handhabung eines Erbfalles. Sie führten zur Exkommunikation des Vaters, sodass es nach dessen Tod im Jahre 1531 Mühe bereitete, ihn christlich beerdigen zu lassen. Der Gegenstand der Streitigkeiten lässt sich nicht mehr sicher rekonstruieren. Angesichts der durch konfessionelle Feindschaft geprägten späteren Berichte ist wohl eher an finanzielle Verluste infolge von Überforderung durch zu viele Pflichten, als an den auch erhobenen Vorwurf der Unterschlagung zu denken.

Der junge Johannes Calvin wuchs in einer klerikal bestimmten Welt auf, gleichsam «im Schatten einer Kathedrale» (Jean Cadier). Bald schon profitierte er selbst von den Fehlentwicklungen des spätmittelalterlichen kirchlichen Lebens. Im Frühjahr 1521 erhielt er im Alter von zwölf Jahren seine erste kirchliche Pfründe, ein Viertel der Einkünfte, die mit dem Dienst am Altar «La Gésine» in der Kathedrale von Noyon verbunden war. Im Jahre 1527 kamen die Einkünfte der Pfarrstelle von Saint-Martin de Martheville, ungefähr 40 Kilometer von Noyon entfernt, hinzu. Zwei Jahre später erhielt er stattdessen die Pfründe von Pont-l'Evêque. Alle Einnahmen erfolgten in der gewohnten Weise, ohne dass Calvin irgendwelche pastoralen Dienste leistete. In seinem Fall bildeten die Pfründen – etwas verharmlosend gesprochen – eine Art kirchliches Stipendium, für das der Vater gesorgt hatte.

Sind schon die Nachrichten über den Vater äußerst spärlich, so erfahren wir aus dem Munde Calvins praktisch nichts über seine Mutter. Jeanne Le Franc war die Tochter eines ehemaligen Gastwirts und erfolgreichen Geschäftsmanns aus Cambrai und muss eine schöne und begehrte Frau gewesen sein. Die wenigen Hinweise lassen sie als Mutter erscheinen, die ihre Kinder mit Ernst in traditionellen Formen kirchlicher Frömmigkeit erzog. So erinnerte sich Calvin viele Jahre später daran, dass er mit seiner Mutter die Abtei von Orcamps bei Noyon besucht habe. Als kleiner Junge habe er dort ein Teilchen der an über hundert Orten verstreut aufbewahrten Reste der Heiligen Anna geküsst

(vgl. CO 6,442). Neben Johannes gebar Jeanne Cauvin noch
drei weitere Söhne. Der älteste mit Namen Charles wurde Priester und hat sich wohl ebenfalls der Reformation angeschlossen,
da er 1537 exkommuniziert und ohne die kirchlichen Sakramente zu begehren starb. Antoine ist dem Reformator später
nach Genf gefolgt und hat hier unter dem anstößigen Lebenswandel seiner Frau gelitten. Der dritte Bruder, François, starb
jung. Auch die Mutter verstarb bereits im Jahre 1515, doch der
Vater heiratete bald wieder, sodass noch zwei Stiefschwestern
hinzukamen. Die eine, Marie, ging ebenfalls mit nach Genf, von
der zweiten ist nicht einmal der Name bekannt.

Johannes verlor seine Mutter im Alter von sechs Jahren. Dass
dies auch unter den Lebensbedingungen des 16. Jahrhunderts
eine einschneidende Erfahrung für den Knaben war, ist offensichtlich. Dass Calvin wohl nie über seine Mutter gesprochen
bzw. geschrieben hat, mag auf Verdrängung dieses schweren
Verlustes hindeuten. Und man kann hier auch einen Ausgangspunkt für die spätere, charakteristische Härte sich selbst gegenüber sehen. Denis Crouzet hat in seiner jüngst erschienenen
Calvin-Biographie *Vies parallèles* den traumatisch empfundenen, frühen Verlust der Mutter zum Schlüssel der Interpretation
der Theologie Calvins gemacht. Nach Calvins Auffassung ist
die nicht bekehrte menschliche Existenz von Ängsten und dem
Grundgefühl der Unsicherheit bestimmt. Crouzet sieht darin einen Niederschlag der Erfahrung des frühen Verlusts der Mutter
und deren Abwertung durch die schnelle Wiederverheiratung
des Vaters. Auch nach der von Calvin als Befreiung dargestellten Bekehrung sei dessen Theologie zutiefst durch die Auseinandersetzung mit solchen verdrängten Ängsten und durch Unsicherheit geprägt. Angesichts der mangelnden Selbstzeugnisse und
des völligen Fehlens von Informationen über die Stiefmutter,
von der nicht einmal der Name bekannt ist, müssen solche Deutungen aber spekulativ bleiben.

Nachweisbar ist hingegen der starke Einfluss, den die gemeinsame Schulbildung mit den Söhnen der bischöflichen Familie
d'Hangest auf Calvin ausgeübt hat. Der Vater nutzte seine guten Beziehungen zum Bischof und zu den Mitgliedern des Dom-

kapitels, um seinem Sohn diese Bildungsmöglichkeiten zu eröffnen. Mit den jugendlichen Studienkameraden Joachim und Yves d'Hangest, den Söhnen des Bruders des Bischofs und Grundherrn von Monmor, Louis d'Hangest, sowie einem weiteren von dessen Söhnen namens Claude hat Calvin wohl auch in den Pariser Studienjahren seit 1523 Kontakt gehalten. Als Calvin sein erstes Buch, den Kommentar zu Senecas Schrift *De clementia/ Über die Milde* zum Druck brachte, widmete er es jenem Claude d'Hangest. Der erste Ertrag seiner Studien sei ihm aus gutem Grund zugeeignet:

nicht allein, da ich dir alles schuldig bin, was ich bin und habe, sondern mehr noch, weil ich als Knabe in eurem Hause erzogen, mit dir zusammen ins Lernen eingeführt worden bin und damit zurückgebe, was ich an erster Anleitung in Wissen und Lebensart in eurer edlen Familie empfangen habe. (CO 5,8)

Und noch über 25 Jahre später hat sich Calvin an seine engen Beziehungen zur Familie d'Hangest-Monmor erinnert (vgl. CO 12,586f.). Es ist durchaus plausibel, dass man den aristokratischen Zug und den ausgeprägten Sinn für Hierarchie, die Calvins Werk trotz aller demokratisierenden Tendenzen in der Kirchenordnung und seiner umstürzenden Wirkung auf das herkömmliche Kirchenwesen kennzeichnen, auf diesen frühen Umgang zurückgeführt hat.

2. Grundstudium in Paris: Scholastik und kirchliche Orthodoxie

Nach dem Lateinunterricht am Collège des Capettes in Noyon wurde Calvin wohl 1523 im Alter von 14 Jahren nach Paris geschickt, um dort seine Studien fortzusetzen. Aufgrund des Erhalts der Pfründe seit dem Jahre 1521 und angesichts der ungewöhnlichen geistigen Reife des jugendlichen Calvin hat ein Biograph den Wechsel nach Paris auf die Jahre 1520/21 vorverlegt

(Parker 1976, 157f.). Eine solche Datierung kann aber nicht erklären, warum der Vater im August 1523 das Domkapitel ersucht hat, den Sohn bis zum 1. Oktober aus Noyon fortzuschicken. Calvin wohnte in Paris anfangs beim Bruder des Vaters, einem Schmied, in der Gegend von Saint-Germain-l'Auxerrois. Über den Lehrer, der ihm jetzt erste Lektionen erteilte, hat sich Calvin später sehr negativ geäußert (vgl. CO 13,525; Schwarz 2,511). Am Collège de La Marche wurde er aber bald Hörer eines der führenden Pädagogen der Zeit, des Latinisten Mathurin Cordier. Dieser sollte Calvin mit kurzen Unterbrechungen bis in die letzten Tage auf seinem reformatorischen Weg begleiten und zum Mitorganisator des Schul- und Hochschulwesens in Genf und Lausanne werden. In der Widmungsrede des Kommentars zum ersten Thessalonicherbrief schreibt Calvin knapp dreißig Jahre später im Februar 1550:

Als mich, einen Knaben, der erst die Anfangsgründe der lateinischen Sprache gelernt hatte, mein Vater nach Paris schickte, wurdest Du durch göttliche Fügung mir für kurze Zeit als Lehrer angeboten und brachtest mir eine gute Art des Lernens bei, dass ich dann besser als früher weiterkam. ... Doch half mir Dein Unterricht so sehr, dass ich auch die Fortschritte, die ich später machte, mit Recht Dir auf Rechnung setze. (CO 13,525 f.; Schwarz 2,511)

Dankbar erinnert er sich daran, dass er unter Cordiers Anleitung die ersten Schritte des Studiums gehen konnte, sodass er der Kirche Gottes von Nutzen sein konnte. Cordier, den Calvin 1536 als Schulleiter nach Genf holte (vgl. CO 21,349), dürfte wichtige Grundlagen für das ausgezeichnete Latein des späteren Autors Calvin geschaffen haben, auch wenn er ihn nur kurze Zeit unterrichtete.

Aus unbekannten Gründen wechselte er Ende 1523 oder Anfang 1524 an das ebenso berühmte wie berüchtigte Collège Montaigu. Gegen Ende des 15. Jahrhunderts hatte Johannes Standonck dort den Reformgeist der «Brüder vom gemeinsamen Leben» eingeführt. Zu Calvins Zeiten galt es aber als Hochburg der Orthodoxie und Feindschaft gegen die Reformation sowie als Sinnbild einer Kärglichkeit, die an Grausamkeit grenzte.

Nachfolger Standoncks wurde Noël Bédier, der sich in den zwanziger Jahren des 16. Jahrhunderts als die treibende Kraft der scharfen Abgrenzung der Sorbonne gegen Luthers Lehren hervortat. Nicht nur an der Theologischen Fakultät, sondern auch im Collège Montaigu dürfte er während Calvins Studienjahren diesen scharf antireformatorischen Geist gepflegt haben. Hier war zu dieser Zeit (1514–1528) der die Schüler schonungslos züchtigende Pierre Tempête Schulmeister gewesen.

Erasmus von Rotterdam und Rabelais, die zu unterschiedlichen Zeiten im Collège Montaigu unterrichtet wurden, haben in übereinstimmender Weise beißende Kritik an Stil und Inhalt der dort ausgeübten Erziehung formuliert. Diese negativen Wertungen der beiden Humanisten sind nicht zuletzt auf die strenge Herrschaft der Scholastik, die der humanistischen Reformbewegung keinerlei Spielräume zugestand, zurückzuführen. Bezeichnenderweise hat sich Calvin an keiner Stelle negativ über die dort erfahrene Ausbildung geäußert. Offensichtlich hat er als strebsamer Schüler unter keiner der üblichen harten Züchtigungsmaßnahmen gelitten und vielmehr von der strengen und anspruchsvollen Ausbildung profitiert. Die klare Abgrenzung gegen reformatorisches Gedankengut, die Calvin bis Anfang der dreißiger Jahre vollzogen hat, dürfte er hier am Collège Montaigu eingeübt haben. Darauf deutet seine rückschauende Äußerung über die frühen Jahre, dass er ein hartnäckiger Gegner der Reformation gewesen sei (vgl. CO 31,21; Schwarz 3,896).

Auch das Fundament für Calvins Kenntnis der Scholastik und insbesondere Augustins und anderer Kirchenväter dürfte in dieser Zeit gelegt worden sein. Unter seinen Lehrern der Dialektik erwähnt Beza einen Spanier, wohl Antonio Coronel (vgl. CO 21,121). Inhaltlich wichtiger ist die Frage, ob Calvin den berühmten nominalistischen Theologen John Mair (Major) als Lehrer gehabt hat. Er war bis Anfang der dreißiger Jahre mit Unterbrechungen am Collège Montaigu tätig und hatte dort bereits Calvins späteren großen Gegenspieler, Ignatius von Loyola, unterrichtet. Mair hat seine am englischen Spätscholastiker Wilhelm von Ockham orientierte Auslegung der Sentenzen des Petrus Lombardus mit der Abgrenzung gegen die Lehren der

Reformer Jan Hus und Martin Luther verbunden. Die Gemeinsamkeiten Calvins mit Mair – die ockhamistische Hervorhe-
bung der Unbegrenztheit Gottes und seines Gnadenwillens, eine
ausgeprägte Prädestinationsvorstellung sowie die Betonung des
individuellen Glaubens – könnten auf Einflüsse hinweisen, sind
aber viel zu unspezifisch, um klare Schlussfolgerungen zu erlau-
ben. Calvin selbst hat Mair an keiner Stelle als Lehrer genannt.

Beide frühen Biographen, Beza und Colladon, berichten, dass
sich Calvin bereits in diesen frühen Studienjahren vom päpstlichen Aberglauben abgewandt habe. Ein Argument dafür ist der
Sachverhalt, dass Calvin bereits damals Kontakte zu seinem Vetter Robert Olivetan hatte, der 1528 wegen seines evangelischen
Glaubens nach Straßburg fliehen musste. Dagegen spricht jedoch,
dass sich bis zum Jahre 1532 an keiner Stelle ein Niederschlag
reformatorischen Gedankengutes in seinem Werk finden lässt.

3. Jurastudium in Orléans und Bourges:
Der Aufbruch der humanistischen Jurisprudenz

In der Endphase des philosophischen Grundstudiums am Collège Montaigu, vor dem Jahr 1528, kam es zu einer Änderung
der beruflichen Perspektive. Bis dahin sollte Calvin nach dem
Willen des Vaters und wohl auch des Domkapitels Theologie
studieren. Dies entsprach offensichtlich auch den Neigungen und
geistigen Fähigkeiten des jugendlichen Calvin (vgl. CO 21,54).
Im April 1529 ist er jedoch bereits als Magister artium nachge-
wiesen, und Anfang des Jahres 1528 oder schon Ende 1527 war
er zum Studium der Rechte an die Universität Orléans gewech-
selt. Der Vater hatte seine Ansicht geändert und versprach sich
von einem Jurastudium einträglichere berufliche Möglichkeiten.
Calvin hat dreißig Jahre später darüber berichtet:

Schon seit meiner Kindheit hatte mein Vater mich für die Theologie bestimmt. Doch als er sich später darüber im Klaren wurde, dass die

Rechtswissenschaft ihre Jünger mit gutem Einkommen versorgte, bewog ihn solche Hoffnung sogleich, die Meinung zu ändern. So geschah es, dass ich vom Studium der Philosophie zum Erlernen der Gesetze gerufen wurde ... (CO 31,21).

Vermutlich spielten bei diesem Meinungswechsel die Konflikte des Vaters mit dem Domkapitel eine Rolle. Die frühen Biographen deuten die Abwendung vom geplanten Theologiestudium hingegen schon als Ausdruck der durch die Kontakte mit Olivetan bewirkten Loslösung vom römischen «Aberglauben» (vgl. CO 21,29.54.121).

Mit dem Studium an der Universität Orléans und seit dem Sommer 1529 zeitweise auch in Bourges betrat Calvin eine Welt, in der wie an nur wenigen anderen Orten die zukünftigen Grundlagen Europas durchdacht wurden. Beide Universitäten verdankten ihren Aufschwung dem Sachverhalt, dass die Theologen der Sorbonne eifersüchtig über die Autorität der traditionellen Scholastik wachten. Auch in der juristischen Fakultät war man streng darauf bedacht, dass die Ausbildung kanonischrechtlich dominiert blieb. Hingegen waren die Universitäten Orléans und vor allem Bourges von vornherein als alternative Ausbildungsstätten mit zivilrechtlichem Schwerpunkt konzipiert worden. Vor allem die erst 1463 gegründete Universität Bourges entwickelte sich in eben den Jahren des Studiums Calvins zum Zentrum der humanistischen Jurisprudenz in Frankreich. Im zweiten Drittel des 16. Jahrhunderts wurden Orléans und insbesondere Bourges zu den Hauptstudienorten deutscher Jurastudenten im Ausland. Zuvor waren es die italienischen Universitäten Bologna und Padua gewesen. Mit der Eskalation der Konfessionskriege in Frankreich Anfang der siebziger Jahre fand der Aufschwung der französischen Jurisprudenz jedoch bald wieder ein abruptes Ende.

Seit 1529 lehrte in Bourges mit dem Italiener Andrea Alciato für kurze Zeit einer der führenden Köpfe der Bewegung, die den humanistischen Zielen im Bereich des Studiums der Rechte zum Durchbruch zu verhelfen suchten. In Orléans wurde das Erbe Guillaume Budés gepflegt, der hier Jura studiert hatte, bevor er in den ersten beiden Jahrzehnten des 16. Jahrhunderts seine bahnbrechenden Untersuchungen zur Entstehungsgeschichte des *Corpus iuris civilis* erarbeitete. Es war ein neuer Zugang zu den Texten des römischen Rechts, nach ihrer Entstehung und ihrem historischen Kontext zu fragen. In breitem Umfang zog man die klassisch-römische Literatur und hier insbesondere Cicero heran, um den Sinn der Texte – insbesondere der *Digesten*, in denen die Schriften der Juristen der klassischen Zeit gesammelt waren – besser zu erfassen.

Das Bestreben, das römische Recht unter Zuhilfenahme philologisch-historischer Mittel zu erläutern, war *ein* Schwerpunkt der Arbeit humanistischer Juristen. Das *zweite* Anliegen der humanistischen Jurisprudenz war es, die ethische Dimension des römischen Rechts zu erfassen. Die Philosophie wurde als Quelle des Rechts und die Jurisprudenz selbst als ein Teil der Moralphilosophie angesehen. Die Auseinandersetzung mit den Fragen von Recht und Moral, des Wesens der Gerechtigkeit sowie der Natur der Gesetze kann geradezu als charakteristisches Kennzeichen der humanistischen Jurisprudenz bezeichnet werden. In den Vorschlägen zur Reform des Studiums der Jurisprudenz erhielt die Ethik entsprechend einen herausragenden Platz.

Das Bestreben, die Jurisprudenz im Kontext der Moralphilosophie bzw. Ethik zu verstehen, hatte wesentlich pädagogische Gründe. Ebenfalls pädagogisch motiviert war das *dritte* Anliegen der humanistischen Jurisprudenz, die Grundbegriffe und Grundgedanken des römischen Rechts herauszuarbeiten. Ziel der neuen Lehrmethode, des *mos gallicus*, war es, den Studenten die spitzfindigen Distinktionen und weitschweifigen Kommentierungen der traditionellen Lehrweise, des *mos italicus*, zu ersparen und statt der detaillierten Erklärung einzelner Texte einen umfassenderen Überblick zu bieten. Die Studenten sollten angeleitet werden, die Grundgedanken des römischen Rechts zu erfassen. Während die mittelalterliche Auslegung und Lehre streng dem Aufbau der autoritativen Rechtsquellen folgte, fragte man nun nach dem passenden systematischen Ort einer Bestimmung. Für die Gliederung des juristischen Unterrichts sollte nicht mehr die Einheit der behandelten Quelle maßgebend sein, sondern der Sachzusammenhang bzw. die Systematik.

Calvin hat sich dem Jurastudium mit großem Engagement gewidmet. Er galt als einer der Besten, und bald schon bot man ihm in Orléans das Doktorat an, weil er vielfach selbst schon Unterricht übernommen hatte (vgl. CO 21,54). Nach Bezas Bericht arbeitete Calvin bis Mitternacht und memorierte dann bereits wieder am frühen Morgen. Regelmäßig verzichtete er auch auf Mahlzeiten, um sich konzentrierter seinem Studium hingeben zu können. Schon die frühen Biographen führen seine späteren gesundheitlichen Probleme und sogar seinen vorzeitigen Tod auf die erhebliche Schwächung zurück, die dieser Lebensstil mit sich brachte (vgl. CO 21,122).

Unter den Juraprofessoren in Orléans war Pierre de L'Estoile (Petrus Stella) die herausragende Gestalt. Dieser von Budé beeinflusste Zivilrechtler lehrte dort seit 1512, bis er im Jahre 1531 zum Mitglied des «Parlement», des höchsten Gerichts, in Paris ernannt wurde. De L'Estoile hat die von Budé in Orléans begründete humanistische Jurisprudenz in moderater Weise fortgeführt. Der allen Radikalismen abgeneigte Mann war auch kirchlich-theologisch konservativ und ein Gegner der Reformation. Nach dem Tod seiner Frau wurde er Mönch. Gleichwohl hat Calvin seinen Lehrer in höchsten Tönen gelobt. «Mit Scharfsinn, Geschicklichkeit und ebenso Gelehrsamkeit in Fragen des Rechts» sei er so reich begabt, dass ihm in der Gegenwart keiner gleichkomme (CO 9,785; Schwarz 1,25).

Dieses Urteil findet sich im Vorwort zu einer Schrift, mit der Calvins Studienfreund Nicolas Duchemin im Jahre 1531 de L'Estoile gegen einen Anhänger Alciatos verteidigte. Calvin hat in diesem Streit mit dem Vorwort und der Betreuung des Drucks der Schrift für seinen Lehrer Stellung bezogen. Der Inhalt der Auseinandersetzung war im Grunde völlig nebensächlich, da nur eine sehr spezielle Frage des Schuld- und Erbrechts diskutiert wurde. Ein gewisses Aufsehen erregte der Streit aber dadurch, dass es auch um die Frage ging, ob der selbstbewusste Italiener Alciato oder der französische Rechtslehrer Budé und dessen moderater Nachfolger de L'Estoile den Ruhm beanspru-

chen konnten, die humanistischen Errungenschaften, die neue
Lehrmethode des *mos gallicus*, in die Rechtswissenschaften eingeführt zu haben.

Aus Calvins Positionierung sind später weitreichende Folge-
rungen gezogen worden. De L'Estoile habe sich hier als Verteidi-
ger der traditionellen scholastischen Rechtswissenschaft gezeigt,
und dies sei ein wichtiger Hintergrund des autoritären Zuges in
Calvins Theologie und seines auf die Autorität des Textes fi-
xierten Bibelverständnisses gewesen. Gegen eine solche Positionierung spricht jedoch beider Orientierung an dem großen französischen Humanisten und Rechtsgelehrten Budé. Calvin hat in
seinem kurz darauf, im Jahre 1532, gedruckten Kommentar zu
Senecas Schrift *De clementia* Budés Annotationen zu den *Digesten* nicht weniger als fünfmal ausdrücklich zitiert. Zudem gibt
es sichere Indizien dafür, dass Calvin wie auch seine Freunde
François Daniel, Duchemin und François Connan, an den sich
Calvins Vorwort zu der Verteidigungsschrift richtete, bereits in
der Zeit seines Jurastudiums in Orléans und Bourges profilierte
Anhänger des Humanismus gewesen waren. Durch die historisch-kritische Erarbeitung des römischen Rechts, wie sie die
humanistische Jurisprudenz betrieb, war Calvin für die Frage
der Autorität des Bibeltextes in besonderer Weise sensibilisiert.

Calvin begann zudem trotz der Beanspruchung durch das
Jurastudium mit großem Engagement Griechisch zu lernen.
Sein Lehrer wurde der seit 1527 in Orléans und seit 1530 in
Bourges tätige Philologe und Jurist Melchior Volmar. Der aus
Rottweil stammende Deutsche hatte sich früh der Reformation
angeschlossen und warb offen für seine Überzeugungen. Calvin
hat ihm 1546 seinen (1548 erschienenen) Kommentar zum
zweiten Korintherbrief gewidmet (vgl. CO 12,364 f.). In wie
starkem Maße Volmars evangelische Überzeugungen auf Calvin gewirkt haben, muss offen bleiben, da dieser selbst darüber an keiner Stelle Auskunft gegeben hat. Erst der spätere, scharf polemische Biograph de Raemond hat Anfang des
17. Jahrhunderts Volmar eine entscheidende Rolle bei der Hinwendung Calvins zur «evangelischen Ketzerei» zugesprochen
(vgl. de Raemond 1618, 882 f.).

4. Der Seneca-Kommentar von 1532:
Die Faszination des Humanismus

Am 26. Mai 1531 starb sein Vater in Noyon, wo Calvin ihn noch kurz zuvor besucht hatte. Er fühlte sich nun frei, seinen eigentlichen Leidenschaften zu folgen, und wandte sich ganz dem Studium der alten Sprachen zu. Der herausragende Ort dafür war Paris, wo König Franz I. unter maßgeblicher Mitwirkung des Humanisten Budé die Einrichtung der «lecteurs royaux» ins Leben gerufen hatte. Anfangs waren das nur – zum Ärger der altehrwürdigen Sorbonne – besonders ausgezeichnete Gelehrte, welche die griechische und die hebräische Sprache lehrten. Die Theologen der Sorbonne bekämpften die Auffassung, dass sich die Heilige Schrift nur mit Kenntnis des Griechischen und Hebräischen recht verstehen lasse, sodass Calvin nun zum ersten Mal in eine sichtbare Distanz zur herrschenden kirchlichen Lehre geriet. Wann er in den Jahren 1531 und 1532 in Paris und wann in Orléans und Bourges gelebt hat, lässt sich im Einzelnen nicht mehr rekonstruieren. Nachweislich hat er bei einem der lecteurs royaux, dem Gräzisten Pierre Danès, gehört und vermutlich in diesen Jahren auch selbst Kurse abgehalten, um neben seinen Pfründen ein Auskommen zu haben.

Die Hauptarbeit ist jedoch dem bereits erwähnten Kommentar zu Senecas Schrift *De clementia* gewidmet. Mit diesem Werk wollte sich Calvin in der gelehrten Welt der Humanisten einen Namen machen und für entsprechende Positionen empfehlen. Schon die Wahl des Gegenstands dürfte hierin begründet sein. Eben erst hatte der Humanistenfürst Erasmus von Rotterdam eine Seneca-Ausgabe erstellt, und der junge Gelehrte wollte nun zeigen, dass er zusätzliche, teilweise korrigierende Erkenntnisse erarbeitet hatte. Der Kommentar brachte nicht den erhofften sensationellen Erfolg. Vielmehr mühte sich Calvin durch Briefe, den Kommentar bekannt zu machen und über Kollegen möglichst viele Exemplare zu verkaufen.

Man hat vermutet, Calvin habe die Schrift, in der Seneca dem Tyrannen Nero Milde als Herrschertugend nahelegt, mit der Absicht kommentiert, Franz I. zur Zurückhaltung angesichts der beginnenden Protestantenverfolgungen aufzurufen. Weder dafür noch für eine andere Sympathiebezeugung den Protestanten gegenüber lässt sich jedoch in der Vorrede oder im Text irgendein Beleg finden. Auch Bezugnahmen auf das in der Heiligen Schrift offenbarte Wort Gottes fehlen. Das ist selbst da der Fall, wo sie aufgrund der behandelten Themen nahe liegen würden. Calvin erweist sich in dem Kommentar als Vertreter der Stoa-Renaissance, die seit der Mitte des 16. Jahrhunderts das Geistesleben in Westeuropa erfasste und am Ende des Jahrhunderts in die machtvolle Bewegung des Neustoizismus mündete. Nun war nicht mehr wie für die Scholastiker Aristoteles der wichtigste Philosoph, sondern für die Humanisten wurde es Platon. Mit deren Hochschätzung der antiken Rhetorik kam es zudem zu einer verstärkten Cicero-Rezeption und in deren Gefolge auch der Stoiker. Insbesondere in Fragen der Ethik wurden diese zu Gewährsleuten. Während Aristoteles die Mitte zwischen den Extremen, die Mäßigung als oberste Tugend vertrat, waren die Ideale der Stoiker die Durchsetzung der Vernunft und die völlige Leidenschaftslosigkeit. Leidenschaften mäßigen zu wollen, so formulierte Cicero in den *Tusculanischen Gesprächen*, gleiche dem Versuch, sich von einem Felsen zu stürzen und dann den Fall aufhalten zu wollen. Calvin hat sich hier eindeutig positioniert, wenn er im Vorwort zu seinem Kommentar die Aktualität des Stoikers Seneca in sittlichen Fragen betont. In der Ethik, so Calvin, übertreffe Seneca alle anderen Philosophen (vgl. CO 5,6 f.).

Calvin hat sich Anfang der dreißiger Jahre, unmittelbar vor seiner Hinwendung zur Reformation, mit Leidenschaft den Zielen der humanistischen Bewegung verschrieben. Sein Zugang zur Reformation und sein Profil als reformatorischer Theologe sind dadurch elementar geprägt.

5. «Unvermittelte Verwandlung»: Die Hinwendung zur Reformation

In den Studienjahren in Orléans, Bourges und Paris hat Calvin Kontakte zu Anhängern der Reformation gepflegt. Sein Griechischlehrer Volmar ist nur ein Beispiel dafür. In Orléans und Bourges bildeten sich im Umkreis der Universitäten insbesondere durch die zahlreich aus Deutschland kommenden Jurastudenten frühzeitig evangelische Gemeinden. Sie wurden wiederum Zentren der frühen Ausbreitung der Reformation in Frankreich. Bis zur Veröffentlichung des Kommentars zu Senecas Schrift *De clementia*, dessen Vorrede auf den 4. April 1532 datiert ist, lässt sich jedoch kein Hinweis auf eine evangelische Einstellung oder irgendeine Sympathie für die Reformation bei Calvin finden. Im Winter 1533/34 muss Calvin dann vor den Protestantenverfolgungen aus Paris fliehen. Dadurch kam es in diesem Zeitraum zu einer Veränderung, die Calvin 25 Jahre später als «unvermittelte Verwandlung zur Gelehrigkeit und Empfänglichkeit» bezeichnet hat.

Die Worte finden sich in einer biographischen Rückschau, die Calvin seinem 1557 gedruckten Psalmenkommentar vorangestellt hat (vgl. CO 31,21–24; Schwarz 3,896–898). Er berichtet, dass er ernsthaft bestrebt gewesen sei, gemäß dem Willen des Vaters das Jurastudium zu absolvieren, Gott ihn aber kraft seiner verborgenen Vorsehung schließlich doch auf einen anderen Weg zurückgeführt habe.

Zuerst freilich war ich dem Aberglauben des Papsttums so hartnäckig zugetan, dass es nicht leicht war, mich aus diesem tiefen Abgrund herauszureißen. Gott aber hat mein Herz, das für sein Alter schon recht verstockt war, durch eine unvermittelte Verwandlung zur Gelehrigkeit und Empfänglichkeit («subita conversione ad docilitatem») bekehrt. Sobald ich einen gewissen Geschmack an der wahren evangelischen Frömmigkeit gewonnen hatte, entflammte mich ein solcher Eifer, darin

vorwärts zu kommen, dass ich zwar die anderen Studien nicht gerade
beiseite warf, aber doch weniger energisch betrieb. Es war aber noch
kein Jahr vergangen, als bereits alle, die nach der reinen Lehre Verlan-
gen trugen, zu mir, dem Neuling und Anfänger, kamen, um zu lernen.
(CO 31,21; Schwarz 3,896)

Bei der Interpretation dieses späten Selbstzeugnisses sind mehrere Gesichtspunkte zu beachten. Zuerst einmal ist der Text vor
dem Hintergrund eines langjährigen Ringens in Genf um die
Durchsetzung seiner Autorität gegen verschiedenste Gegner zu
verstehen. Insofern hat Calvin ein Interesse daran, die Legitimi-
tät seiner Berufung in das geistliche Amt herauszustellen. Des
Weiteren beginnt er seinen biographischen Rückblick damit,
dass er die eigene Berufung mit der Berufung König Davids zur
(geistlichen) Leitung des Volkes Israel vergleicht. Auch der Hinweis darauf, dass er selbst bald – obwohl noch blutiger Anfänger – zum gefragten Verkündiger wurde, zeigt das Interesse, die
legitime Berufung und Qualifizierung für das Amt der Gemeindeleitung bzw. Verkündigung herauszustellen. Entsprechend
wird die Vorsehung und Autorschaft Gottes, der zudem eine unvermittelte Verwandlung bewirkt, betont. Hier ist «subita» als
«unvermittelt», nicht als «plötzlich» zu übersetzen, denn Calvin betont, dass sich dies gerade nicht organisch aus irgendwel-
chen eigenen menschlichen Möglichkeiten entwickelt hat. Man
darf den nahegelegten Aspekt der Momenthaftigkeit der Verwandlung nicht überbewerten. In den erhaltenen Texten aus
dem betreffenden Zeitraum lässt sich nichts Entsprechendes belegen. Eine gewissenhafte Selbstbetrachtung zur Frage, wann
seine Hinwendung zur Reformation erfolgt und wie sie inhaltlich zu beschreiben ist, hat Calvin nicht beabsichtigt, und sie
liegt auch außerhalb seines Horizontes.
    Auf die inhaltliche Dimension der Verwandlung bzw. Hin-
wendung zur Reformation weist der zentrale Gegensatz, der die
Ausführungen Calvins bestimmt. Auf der einen Seite steht der
tiefe Sumpf des päpstlichen Aberglaubens, auf der anderen stehen Gelehrigkeit und Empfänglichkeit, zu denen er bekehrt
worden ist. Das bedeutete für den Humanisten Calvin die Be-

reitschaft und die Fähigkeit, das in der Heiligen Schrift greifbare Wort Gottes verstehend aufzunehmen. Allein dies führt zur rechten Gottesverehrung und ist die Alternative zur selbstbezogenen Verirrung des Aberglaubens. Der Gegensatz wird für sein gesamtes theologisches Werk charakteristisch bleiben. Aus dem Sumpf des Aberglaubens, welcher der subtilste Ausdruck menschlicher Verirrung ist, befreit nur das Belehrtwerden durch die himmlische Lehre. In der Auseinandersetzung mit Kardinal Sadolet im Jahre 1539 hat Calvin auch einen Hinweis darauf gegeben, warum er sich dieser befreienden Erfahrung so lange und hartnäckig widersetzt hat. Es sei die Ehrfurcht vor der Kirche gewesen, die diese abergläubischen Praktiken forderte. An der gleichen Stelle hat Calvin auch einen Einblick in seine inneren Kämpfe gegeben und hervorgehoben, dass ihn die gereinigte Lehre aus diesen Gewissensnöten befreit habe (vgl. CO 5,412; OS 1,485; CStA 1/2,417, Zl. 22–39). An anderer Stelle spricht er im Blick auf diese Zeit davon, dass er von der Finsternis des Papsttums frei zu werden begann, als er den Geschmack der heilsamen Lehre kostete (vgl. auch CO 9,51).

Der Zeitraum, in dem die entscheidenden Veränderungen sich vollzogen, lässt sich auf die Jahre 1532/33 eingrenzen. Denn Calvins Bericht darüber, dass er, obwohl selbst noch am Anfang stehend, schon bald in Fragen der christlichen Lehre um Rat gefragt wurde, bezieht sich auf die Zeit vor der Flucht im Winter 1533/34. Im August 1533 war Calvin wohl in Noyon zu Besuch, um an einer Sitzung des Domkapitels teilzunehmen. In diesen Monaten, in denen er sich überwiegend in Paris aufhielt, kam es zu verschärften Auseinandersetzungen der humanistischen Reformer um Jacques Lefèvre d'Etaples und Gérard Roussel, den Hofprediger der Schwester des Königs, Marguerite d'Angoulême, mit den scholastisch-konservativen Kräften im Umkreis der Sorbonne. Franz I. weilte von März bis Ende 1533 nicht in der Hauptstadt. Die Geschäfte am Hof in Paris führte unterdessen seine Schwester. Von ihr unterstützt, predigte Roussel mit großem Erfolg in Paris, sodass sich die Theologen der Sorbonne zu verschärfter Gegenwehr herausgefordert sahen. Calvin berichtete im Oktober 1533 seinem Freund François Daniel in Orléans ein-

gehend über die Ereignisse. Ausdrücklich beauftragte er ihn, die
Nachrichten auch an die Freunde weiterzugeben (CO 10/2,26;
Schwarz 1,30). Empört nahm er Stellung gegen Studenten, die
Marguerite d'Angoulême und ihren Hofprediger Roussel in
einem Theaterstück verspottet hatten. Auch für die Aufhebung
der Zensurmaßnahmen, welche die Theologen der Sorbonne gegen Marguerites Buch *Le miroir de l'âme pécheresse* (*Der Spiegel
der sündigen Seele*) angestrengt hatten, zeigte er offen Sympathie
(CO 10/2,27–30; Schwarz 1,31–33). Roussel konnte er als «unseren Gérard» bezeichnen (CO 10/2,26).

Ein weiterer Schritt zu einer klaren Positionierung erfolgte mit
der Rektoratsrede, die Calvins Freund Nicolas Cop am 1. November 1533, dem Allerheiligentag, hielt, und den heftigen Re-
aktionen darauf. Entsprechend dem Brauch eröffnete der Rektor
das Semester mit der Predigt über einen Bibeltext. Ein von Calvins Hand stammendes Fragment dieser Rede kann als Indiz
dafür gelten, dass Calvin ihr Hauptverfasser gewesen ist (siehe
dazu H. Scholl, in: CStA 1/1,7–9). Zwar kann der Text in einem
humanistisch-reformerischen Sinn gedeutet werden, und es muss
hier nicht notwendig ein Bruch mit der römisch-katholischen
Kirche vorliegen. Von einem hartnäckigen Festhalten an abergläubischen Praktiken, wie es Calvin in der Rückschau auf seine
«unvermittelte Verwandlung» für die vorangehende Zeit berichtet hat, ist jedoch nichts mehr wahrzunehmen. Die Predigt über
die Seligpreisungen nach Matthäus 5,3–8 ist in ihrem ersten Teil
aufs Stärkste durch Erasmus von Rotterdams Vorstellung einer
«philosophia christiana» geprägt. Diese übertreffe alle Künste
und Wissenschaften und sei den Menschen von Gott selbst zu
ihrem Heil offenbart worden. Dies wird im Weiteren mit der von
Luther übernommenen Unterscheidung von Gesetz und Evangelium verbunden.

Das Gesetz erwähnt die Barmherzigkeit Gottes, aber nur unter einer bestimmten Voraussetzung: nämlich wenn es erfüllt wird. Das Evangelium
verheißt die Vergebung der Sünden und die Rechtfertigung umsonst.
Denn wir sind bei Gott nicht angenommen, weil wir dem Gesetz Genüge
tun, sondern allein wegen der Verheißung Christi. (CO 10/2,34; OS 1,8;
CStA 1/1,19, Zl. 36–41)

An den Stellen, an denen die Rede nicht von den Vorlagen bei Erasmus und Luther abhängig ist, bezieht sie greifbar Stellung zu den aktuellen Auseinandersetzungen. Die letzten beiden Seligpreisungen werden denen zugesprochen, die am Evangelium in dem beschriebenen Sinne festhalten, auch wenn ihnen jetzt um der Gerechtigkeit willen Verfolgung droht.

Die Welt und die Bösen bezeichnen die als Häretiker, Verführer, Bösewichter und Verfluchte, die den gläubigen Seelen nur das Evangelium rein und lauter einzuträufeln sich mühen; und damit meinen sie noch, Gott besonders gehorsam zu sein. Wahrhaftig selig und glücklich, wer solches mit Gleichmut erträgt, für Trübsal Gott dankt und mit festem und starkem Mute Widrigkeiten auf sich nimmt. «Freut euch, denn euer Lohn im Himmel wird groß sein.» (CO 10/2,36; OS 1,10; CStA 1/1,23, Zl. 40–46)

Die Rede wurde als klare Positionierung in den Auseinandersetzungen verstanden und von den Theologen der Sorbonne als häretisch angeprangert. So befahl der in Südfrankreich weilende König, gegen den Autor vorzugehen. Cop und mit ihm auch Calvin mussten aus Paris fliehen. Cop ging nach Basel; Calvin fand bei dem befreundeten Chorherrn von Claix, Louis du Tillet, in Angoulême Unterschlupf. Hier konnte er sich dank der ausgezeichneten Bibliothek einige Zeit intensiv dem Studium widmen.

Calvins späte Darstellung seiner «subita conversio» darf nicht als punktuelles Ereignis missverstanden werden. Die wesentlichen Veränderungen vollzogen sich in einem Zeitraum von einigen Monaten und fanden ihren vorläufigen Abschluss in der dramatischen Zuspitzung am Ende des Jahres 1533. Calvins Bericht, dass er in den Fragen des rechten Verständnisses der christlichen Lehre zum gesuchten Lehrer wurde, dürfte sich auf seine geschilderte Rolle als Mittler zwischen Paris und Orléans beziehen. Er befand sich 1533 im Zentrum des Geschehens und war der, durch den die Freunde in Orléans Anteil an den jüngsten Entwicklungen zu bekommen suchten. Die Angabe «noch ehe das Jahr um war» bezieht sich dann auf das Jahr 1533.

6. *Unterricht in der christlichen Religion* 1536: Apologie und reformatorisches Programm

Die wenigen erhaltenen Briefe aus den Jahren 1534/35 lassen einen Mann hervortreten, der Besseres gefunden hatte als das Ansehen eines großen Gelehrten. Sie zeigen einen Menschen, der sich angesichts aller Unsicherheiten und Gefährdungen von Gott geführt weiß:

Dafür wird der Herr sorgen, dessen Vorsehung alles aufs beste versehen wird. Ich hab's erfahren, dass wir nicht ins Weite schauen dürfen. Als ich mir Ruhe in allem versprach, stand vor der Tür, was ich am wenigsten erwartet hatte. Dann wieder, als ich an einen unangenehmen Wohnsitz denken musste, wurde mir ein Nest im Stillen hergerichtet wider alles Erwarten. Das alles ist die Hand des Herrn. Wenn wir uns ihm anvertrauen, wird er für uns sorgen. (CO 10/2,37; Schwarz 1,34)

Im Mai 1534 reiste Calvin nach Noyon, um seinen Pfründen zu entsagen, im August hat er sich in Orléans aufgehalten. Auch sonst konnte er sich im Jahre 1534 relativ frei bewegen, da der französische König zu seiner Politik der begrenzten Toleranz zurückkehrte. Dies geschah nicht zuletzt aus außenpolitischen Gründen, da Franz I. in seinen Auseinandersetzungen mit Kaiser Karl V. die protestantischen Fürsten des Reiches auf seine Seite ziehen wollte.

Mit der begrenzten Toleranz war es allerdings schlagartig vorbei, als es in der Nacht vom 17. zum 18. Oktober 1534 zu einer folgenschweren Aktion kam. Der in Neuchâtel im Exil lebende Prediger Antoine Marcourt hatte Plakate drucken lassen, welche die Messopferpraxis in scharfen Worten als blasphemischen Missbrauch anprangerten. Sie wurden auf verschiedenen öffentlichen Plätzen in Paris und außerhalb angeschlagen, und sogar in den königlichen Gemächern in Amboise tauchte der Text auf. Diese sog. «Affaire des placards» rief einen Sturm der Entrüstung hervor und wurde vom König und zahlreichen Vertretern von Staat und Kirche als Angriff auf die Grundlagen des französischen Gemeinwesens wahrgenommen. In der Folge kam es nicht nur zu einem deutlich verschärften Vorgehen gegen die Evangelischen, sondern auch zur Distanzierung der humanistischen Reformer und deren Schulterschluss mit den Theologen der Sorbonne.

Der von Calvin verehrte Budé verfasste eine Schrift *Über den Übergang vom Hellenismus zum Christentum*, in deren Widmungsschreiben er sich in aller Klarheit von reformatorischen Bestrebungen distanzierte. Diese an den französischen König gerichtete Vorrede zeigt, wie gefährlich die Situation für die Anhänger der Reformation geworden war. Budé unterstreicht die Notwendigkeit der Sühnemaßnahmen, die der König angesichts des «grässlichen Verbrechens» der Entweihung des allerheiligsten Sakraments eingeleitet hatte. Für die zur Wiedergutmachung angeordnete Prozession am 21. Januar 1535 wird der König über die Maßen gelobt.

Angesichts der Verhaftungen und Hinrichtungen musste Calvin Frankreich verlassen und begab sich nach Basel. Die Stadt hatte sich unter Führung Johannes Oekolampads der Reformation angeschlossen und am 1. April 1529 eine entsprechende Ordnung eingeführt. Mit der Universität und den zahlreichen Druckern bildete sie ein geistiges Zentrum, das Calvin in hervorragender Weise eine Fortsetzung seiner Studien erlaubte. Mit den Scheidungsprozessen und den Verfolgungen im Anschluss an die Affaire des placards hatten sie ein klares Ziel gewonnen: die Anhänger der Reformation in Frankreich gegen den Vorwurf der Gotteslästerung und des Aufruhrs zu verteidigen. Dazu musste deutlich gemacht werden, dass man angesichts all der auch von den humanistischen Reformern kritisierten Fehlentwicklungen in der mittelalterlichen Kirche lediglich zu den biblischen Ursprüngen zurückkehren wollte. In Anbetracht der Kompromisse, welche Reformer wie Briçonnet, Roussel oder auch Lefèvre d'Etaples und erst recht ein Budé einzugehen bereit waren, erschien es ebenso dringlich, zur inneren Stärkung der Anhänger der Reformation die unaufgebbaren Anliegen und Grundlagen der evangelischen Lehre darzulegen. Bereits im August 1535 hat Calvin die Vorrede zu einer solchen Darstellung geschrieben, zum Druck kam sie aber erst im März 1536, genau ein Jahr nach Budés Schrift. Calvin hat das Werk *Christianae religionis institutio*, zu Deutsch *Unterricht in der christlichen Religion*, genannt. Damit wird das über einen schlichten Katechismus hinausgehende Anliegen schon im Titel deutlich gemacht.

Wie Budé richtete Calvin die Vorrede seines Werkes an den französischen König. Trotz eines Edikts vom 29. Januar 1535, das nicht nur die Verbannung, sondern auch die Auslöschung («extermination») der Häretiker verfügte, bestand noch Hoffnung, den König auf seine Seite zu ziehen. Über die «Luthériens», wie die Anhänger der Reformation in Frankreich genannt wurden, waren teilweise groteske Vorurteile verbreitet. Sie lehnten die Kirche, die Obrigkeit und die Ehe ab, hieß es zum Beispiel. Man warf die Luthériens unbesehen oder mit böswilligen Absichten in einen Topf mit den sog. Täufern. Der französische König selbst rechtfertigte Anfang Februar 1535 bei seinen Bemühungen um eine Allianz mit den deutschen protestantischen Fürsten gegen Kaiser Karl V. die Verfolgungen der Luthériens in seinem Land mit der Behauptung, er schlage aufrührerische Wiedertäufer nieder (vgl. Brief an die deutschen Fürsten v. 1.2.1535, in: Herminjard 3,249–254).

Die Täufer sahen die reformatorischen Bestrebungen Luthers und Zwinglis als unvollkommen an. Sie drängten stattdessen auf eine radikalere Reformation, die im Sinne eines wörtlichen Bibelverständnisses nicht nur die Kindertaufe aufgab, sondern auch die Beteiligung an dem (notwendig) mit Gewaltmaßnahmen verbundenen obrigkeitlichen Handeln ablehnte. Anfang der dreißiger Jahre predigte der Kürschner Melchior Hofmann unter den Täufern das nahe Weltende und forderte angesichts dessen zur Scheidung von den Ungläubigen auf. Hofmann wurde zwar 1533 in Straßburg verhaftet, aber Anfang 1534 kam es – maßgeblich durch seine Lehren provoziert – zu der berühmt-berüchtigten Täuferherrschaft in Münster. Innerhalb kurzer Zeit ließen sich hier über tausend Menschen wiedertaufen und suchten eine vermeintlich biblischen Vorgaben entsprechende Herrschaft mit alttestamentlichem Königtum, Gütergemeinschaft und Vielweiberei zu errichten. Nach vierzehnmonatiger Belagerung, am 25. Juni 1535, nahm der zuständige Bischof unter Mithilfe katholischer wie evangelischer Fürsten die Stadt ein und machte dem Spuk ein schnelles Ende.

Calvins Vorrede der *Institutio* ist darauf ausgerichtet, den Vorwurf des täuferischen Aufruhrs unmissverständlich zu widerlegen. Geschult in der antiken Gerichtsrhetorik, verteidigt er die Luthériens gegen die römisch-katholische Polemik. Die Angriffe fasst er in sieben Punkten zusammen. Die von den Anhängern der Reformation vertretene Lehre sei erstens neu, zweitens zweifelhaft, entbehre drittens aller beglaubigenden Wunder und widerspreche viertens den Lehrern der Alten Kirche sowie fünftens dem Herkommen und der Gewohnheit in der Kirche. Sechstens sei eine notwendige Folgerung der reformatorischen Fundamentalkritik an der mittelalterlichen Kirche, dass die Kirche eine geraume Zeit gleichsam tot gewesen sei. Der siebte Vorwurf betrifft schließlich die tumultuarischen und aufrührerischen Folgen der reformatorischen Lehren. Ihr Zentrum hat Calvins Argumentation in der Auseinandersetzung mit dem vierten Vorwurf der mangelnden Übereinstimmung mit den Kirchenvätern (CO 1,16–19; OS 1,27–30; CStA 1/1,83–91). Hier entfaltet er inhaltlich die grundsätzlichen Forderungen der Reformation, die sich sehr wohl im Einklang mit den Lehren der Alten Kirche befänden: die Geltung des Bilderverbotes, die Feier des Abendmahls unter beiderlei Gestalt und also den Empfang von Brot und Wein durch die Gemeinde, die Freigabe der Priesterehe und schließlich vor allem die Anerkennung der alleinigen Autorität Christi und seines Wortes in allen Fragen der Lehre und des Lebens.

In der Vorrede und im Text des Werkes zeigt der 26-Jährige, der kein reguläres Theologiestudium absolviert hatte, eine erstaunliche Kenntnis der theologischen Tradition, von den Kirchenvätern angefangen über das *Decretum Gratiani*, eine Sammlung des kanonischen Rechts aus dem 12. Jahrhundert, bis hin zu den jüngeren Scholastikern. Nach den Jahren des in-

tensiven Studiums seit dem Seneca-Kommentar von 1532 hatte
Calvin in Basel die Möglichkeit, mit anderen Reformatoren in
Kontakt zu treten. Nach Bezas Bericht hörte er Sebastian Münster, der in Basel Hebräisch unterrichtete. Der Basler Gräzist Simon Grynaeus beeindruckte Calvin so sehr, dass er ihm 1539
den Römerbriefkommentar, seinen ersten gedruckten Kommentar zu einem biblischen Buch, widmete. Ferner traf der junge
Reformator in Basel mit Guillaume Farel, dem ebenfalls aus
Frankreich geflohenen, späteren Mitreformator in Genf, zusammen, sowie mit Pierre Viret, der später in der französischsprachigen Schweiz und in Südfrankreich als Reformator tätig werden sollte. Folgenreich sollte auch die Begegnung mit den beiden
Straßburger Reformatoren Martin Bucer und Wolfgang Capito
sowie mit den Zürichern Leo Jud und Heinrich Bullinger, dem
Nachfolger Zwinglis, werden.

Der Text der im März 1536 erschienenen *Institutio* zeigt, dass
Calvin nun die Hauptvertreter der deutschen Reformation, Luther, Melanchthon und Bucer, intensiv studiert hat. Vor allem Luthers Schriften haben Aufbau und Inhalt der ersten Ausgabe der
Institutio beeinflusst. Wie in Luthers *Kleinem Katechismus* werden nach dem Gesetz (Auslegung der Zehn Gebote) das Evangelium (anhand des apostolischen Glaubensbekenntnisses), das Ge-
bet (Vaterunser) und die beiden Sakramente Taufe und Abendmahl dargestellt. Im fünften Kapitel erläutert Calvin daran
anschließend, dass die in der mittelalterlichen Kirche geltenden
weiteren fünf Sakramente (Beichte, Ehe, Firmung, letzte Ölung
und Priesterweihe) keine Sakramente sein könnten, da sie nicht
von Christus eingesetzt seien und ihnen überdies zumeist das Zeichen fehle. Das sechste Kapitel behandelt schließlich eingehend
die christliche Freiheit sowie die klar zu unterscheidende kirchliche und weltliche Gewalt. Auch in den letzten beiden Kapiteln
kann man den Einfluss Luthers nachweisen, zumal der Wittenberger Reformator eben diese Themen in seinen wirkungsreichen
reformatorischen Hauptschriften aus dem Jahre 1520 *Von der
babylonischen Gefangenschaft der Kirche*, *An den christlichen
Adel deutscher Nation von des christlichen Standes Besserung*
und *Von der Freiheit eines Christenmenschen* behandelt hat.

Calvin erweist sich in der ersten Ausgabe der *Institutio*, stärker noch als in der Rede vom 1. November 1533, als Schüler Luthers. Der Aufbau seines Werkes basiert auf der für Luther charakteristischen theologischen Grundentscheidung: Die wichtigste Aufgabe des Gesetzes bestehe darin, dem Menschen seine Unfähigkeit, den Willen Gottes zu tun, aufzuzeigen und ihn so überhaupt erst bereit für das Evangelium, d. h. das unverdient aus reiner Barmherzigkeit erfolgende Gnadenhandeln Gottes, zu machen. Calvin ging dann in den späteren Ausgaben der *Institutio* eben an dieser Stelle eigenständige Wege. Charakteristisch ist ferner, dass Calvin zwar Schriften Zwinglis gelesen, sich aber bei der Aufnahme von dessen Gedankengut auffällig zurückgehalten hat. In einer späteren Äußerung hat er sogar seine frühe Ablehnung der Sakramentenlehre Zwinglis und Oekolampads, die in den Sakramenten nur Zeichen sähen, ausdrücklich hervorgehoben (vgl. CO 9,51).

Die *Institutio* wurde im März 1536 bei den Basler Druckern Thomas Platter und Balthasar Lasius gedruckt und auf verschiedenen Wegen nach Frankreich gebracht. Das Werk erfüllte seinen Zweck in ausgezeichneter Weise, knapp und präzise über die bei den verfemten Luthériens in Frankreich geltenden Lehren zu informieren. Guillaume Farel, der gerade 1534 eine Schrift mit ähnlicher Zielsetzung, die *Sommaire et briefve déclaration*, erneut zum Druck gebracht hatte, erkannte die Überlegenheit der Darstellung neidlos an und verzichtete auf die geplante Neubearbeitung seines eigenen Werkes. Durch die *Institutio* wurde Calvin mit einem Schlag berühmt. Bis in die späten Lebensjahre hinein hat er das Werk immer wieder überarbeitet und erweitert. Die letzte zu seinen Lebzeiten im Jahre 1559 erschienene, lateinische Ausgabe ist zu einem umfassenden Werk von 80 Kapiteln geworden. Nach seinem Tod setzte sich die Erfolgsgeschichte der *Institutio* fort. Bis in die Gegenwart ist sie die wichtigste Gesamtdarstellung der reformierten Lehre geblieben und in zahlreiche Sprachen übersetzt worden.

Noch im Jahre 1535 verfasste Calvin zu der von seinem Vetter Olivetan angefertigten und von den Waldensern unter großen Opfern finanzierten französischen Bibelübersetzung zwei

Vorworte. Das eine, der gesamten Bibel vorangestellt, betont die Notwendigkeit des freien Zugangs zum Wort Gottes, den keine weltlichen Herrscher verhindern könnten. Die zweite, dem Neuen Testament vorangestellte Vorrede hebt die Einheit des Alten und Neuen Bundes in Christus hervor. Im Frühjahr 1536 unternahm Calvin zusammen mit seinem Freund du Tillet eine Reise in das Herzogtum Ferrara. Die Herzogin Renée de France, Tochter des französischen Königs Ludwig XII. und Schwägerin Franz' I., unterstützte reformatorische Bestrebungen und konnte nützlich dabei sein, französische Adlige für die Reformation zu gewinnen. Am Hof in Ferrara traf Calvin – unter dem Namen Charles d'Espeville – andere evangelische Glaubensflüchtlinge, so zum Beispiel den Dichter Clément Marot, der dann 1542 in Genf Zuflucht finden konnte. In Ferrara hat Calvin zwei Briefe verfasst, die faktisch kleine theologische Traktate darstellen (vgl. CO 5,239–312; OS 1,284–362; vgl. auch CO 21,60). Sie behandeln die Fragen, an deren Beantwortung sich die reformerisch gesinnten Geister schieden: Im ersten Brief schrieb er seinem Freund Nicolas Duchemin über die Frage, ob man noch an katholischen Gottesdiensten teilnehmen dürfe, wenn dort die Messe gefeiert wird. Calvin kennt zwar auch Zeremonien der römischen Kirche, an denen man unbedenklich Anteil haben könne. Jedoch seien Bilderverehrung, der Empfang der letzten Ölung, Ablasskauf und vor allem die Teilnahme am Messopfer unerträgliche Zeremonien und Satzungen, weil damit Jesu Kreuzestod aufgehoben werde. Im Übrigen dürfe man von denen, die Furcht und Ängstlichkeit zu ihren Ratgebern machten, kein gutes Ergebnis erwarten. Der zweite Brief wendet sich an Gérard Roussel und bezeichnet ihn als einen «alten» im Sinne eines früheren Freundes. Roussel war zwischenzeitlich von Marguerite d'Angoulême zum Bischof von Oloron ernannt worden. Calvin entfaltet hier in großer Nähe zu Luther das Verständnis des Amtes von der Verantwortung für das Wort Gottes her. Angesichts der Mitschuld an der Verwirrung der Seelen, die Roussel als Bischof der päpstlichen Kirche trage, kann Calvin ihn nur zur Amtsaufgabe auffordern.

7. «Jener Franzose»:
Erstes Wirken in Genf (1536–1538)

Nach der Rückkehr aus Ferrara reiste Calvin noch einmal nach Frankreich, wohl um Fragen der väterlichen Erbschaft zu klären. In Paris sah er seinen Bruder Antoine und seine Schwester Marie wieder und überredete sie mitzukommen. Anschließend beabsichtigte er, nach Straßburg zu reisen. Aufgrund von Truppenbewegungen im Zuge des erneuten Krieges zwischen dem französischen König und Kaiser Karl V. musste er einen Umweg wählen, der ihn über Genf führte. Hier kam es dann Anfang Juli zu der folgenreichen Begegnung mit Farel und dessen «furchtbarer Beschwörung». Calvin hat darüber in der Widmungsrede zum Psalmenkommentar von 1557 mit folgenden Worten berichtet:

Da mir der Krieg den direkten Weg nach Straßburg gesperrt hatte, hatte ich vorgehabt, rasch durch Genf zu reisen und mich nicht länger als eine Nacht in der Stadt aufzuhalten. Nun war hier vor kurzem durch die Wirksamkeit des genannten trefflichen Mannes [sc. Farel] und Pierre Virets das Papsttum niedergeworfen worden, doch waren die Verhältnisse noch ungeordnet und die Stadt in schlimmer, gefährlicher Weise in Parteien gespalten. Ein Mann, der seither in schmählichem Abfall wieder ins papistische Lager zurückgekehrt ist [sc. sein früherer Freund Louis du Tillet!], hatte gleich verraten, wer ich sei, und darauf bemühte sich Farel mit aller Kraft, wie er denn von einem unglaublichen Eifer zur Förderung des Evangeliums förmlich glühte, mich festzuhalten. Als er nun hörte, ich wolle mich stillen Privatstudien hingeben, und sah, dass er mit Bitten nichts ausrichtete, da ließ er sich zu der Verwünschung hinreißen, Gott möge meiner Ruhe seinen Fluch senden, wenn ich ihm in solcher Not nicht helfen wolle. Da erschrak ich und gab die begonnene Reise auf, jedoch im Blick auf meine Menschenscheu und Schüchternheit ohne mich zur Übernahme eines bestimmten Amtes zu verpflichten. (CO 31,26; Schwarz 3,897)

Farel hatte bereits 1532 ein erstes Mal versucht, in Genf zu predigen, war aber sogleich ausgewiesen worden. Mit der Unterstützung Berns, das 1528 reformatorisch geworden und bestrebt
war, seinen Einflussbereich nach Süden und Westen auszudeh-
nen, kam er 1533 erneut nach Genf. Im Januar 1534 setzte er
gegen den Widerstand des Genfer Bischofs Pierre de La Baume,
der die Stadt bereits fluchtartig verlassen hatte, eine Disputation
durch. Der Versuch des Bischofs, zusammen mit dem Herzog
von Savoyen mit militärischen Mitteln gegen Genf vorzugehen,
hatte gegenteilige Wirkung. Farel fand in seinem Bestreben, reformatorisch zu predigen, nur noch stärkere Unterstützung in
der Bürgerschaft. Nach einer weiteren Disputation im Juni 1535
und einer Predigt Farels am 8. August 1535 in der Kathedrale
St. Pierre wurden die Bilder entfernt, da diese im Widerspruch
zum Wort Gottes stünden. Per Edikt wurde die Messfeier abge-
schafft. Schließlich bekräftigten die Bürger auf einer allgemei-
nen Volksversammlung am 21. Mai 1536 unter Eid ihre Zustimmung zur Einführung der Reformation.

Auch wenn Farels Erfolge eindrucksvoll erschienen, war die
Reformation bei Calvins Ankunft in Genf im Sommer 1536 alles andere als gefestigt. Denn es waren wesentlich politische
Konstellationen, welche die Reformation voranschreiten ließen.
Vorerst wurden die reformatorischen Bestrebungen durch die
Allianz, die man mit Bern gegen das Herzogtum Savoyen eingegangen war, unterstützt. Bern, das sich das Waadtland unter-
worfen hatte, förderte dort wie in Genf die Reformation. Erst
einmal suchte sich die Bürgerschaft lediglich von der Oberherr-
schaft des in der Stadt residierenden Bischofs, der zugleich ein
Verbündeter des Herzogs von Savoyen war, zu emanzipieren.
Die Stadt mit ihren etwas mehr als 10 000 Einwohnern profitierte als Handelsplatz von ihrer günstigen Lage am Abfluss des
Genfer Sees in die Rhône. Mit dem wirtschaftlichen Erfolg
wuchs das Selbstbewusstsein der Bürger. Die Kaufleute waren
größtenteils für die Allianz mit Bern eingetreten, während die
Geistlichen und insbesondere der Bischof die Nähe zu Savoyen
suchten. Das neue Selbstbewusstsein richtete sich jedoch bald
auch gegen die Ansprüche reformatorischer Prediger. Man

schrieb sich zwar als Motto «post tenebras lux» («nach der Dunkelheit das Licht») auf die Fahnen bzw. genau genommen auf Münzen. Inwieweit man aber auch bereit war, sein Leben an der Heiligen Schrift auszurichten, und was das konkret bedeutete, war hingegen durchaus weniger eindeutig. Calvin hat auf dem Sterbebett über die Situation bei seiner Ankunft in Genf wohl nicht zu Unrecht geäußert:

Als ich zum ersten Mal in diese Kirche kam, war dort so gut wie nichts vorhanden. Man predigte, und das war schon alles. Man suchte wohl nach Götzenbildern und verbrannte sie. Aber es gab keine Reformation. Alles befand sich in einem wüsten Durcheinander. (CO 9,891 f.; OS 2,401; CStA 2,295, Zl. 34–37)

Calvins Aufgabe war anfangs nicht die Verkündigung oder die Gemeindeleitung. Vielmehr hielt er am Genfer Gymnasium Vorlesungen über den griechischen Text der Paulusbriefe. Das waren bescheidene Anfänge. Am 5. September 1536 suchte Farel dem Rat die Notwendigkeit dieser Vorlesungen verständlich zu machen. Erst fünf Monate später erhielt Calvin ein Gehalt. Der damit befasste Stadtschreiber kannte nicht einmal seinen Namen und notierte lediglich «jener Franzose» («ille Gallus»). Noch im August 1537 wurde er in einem Brief des Berner Rates vom 13. August 1537 als «Lecteur en la Saincte Escripture à Genève» bezeichnet. Er selbst nannte sich «Lektor der Heiligen Schrift an der Genfer Kirche». Bereits vor seiner Wahl zum Pfarrer nahm er die mit diesem Amt verbundenen Aufgaben in Angriff. Stärker als der ebenso impulsive wie wortgewaltige Farel sah der juristisch geschulte Calvin die Notwendigkeit, der sich im Umbruch befindlichen Kirche eine Ordnung zu geben. Wohl schon gegen Ende des Jahres 1536 hat Calvin zusammen mit Farel eine solche Ordnung verfasst, die *Articles concernant l'organisation de l'église et du culte*. Hinzu kamen noch ein Katechismus für die Jugend (*Instruction et confession de foy*) sowie eine zusammenfassende Auswahl daraus, die *Confession de foy*. Dieser letztgenannte Text sollte das für alle Bürger Genfs verbindliche Bekenntnis sein und auf einer Versammlung durch Eid bekräftigt werden.

Gleich zu Beginn der Kirchenordnung wird betont, dass eine
gut geordnete Kirche ihr Zentrum in der würdigen und häufi-
gen Feier des Abendmahls habe (vgl. CO 10/1,5 f.; OS 1,369).
Niemand solle den Mut haben, anders als in Heiligkeit und mit
besonderer Ehrfurcht daran teilzunehmen. Darum sei es für die
Bewahrung der guten Ordnung in der Kirche notwendig, die
Kirchenzucht aufrechtzuerhalten und dafür zu sorgen, dass diejenigen, die sich nicht gerne und gehorsam durch das heilige
Wort Gottes führen ließen, zu ihrer Besserung vom Abendmahl
ausgeschlossen würden. Neben der Kirchenzucht legt die Ordnung besonderen Wert auf den Gemeindegesang und die Kate-
chese der Jugend.

Der Fortgang der Entwicklungen offenbarte in aller Klarheit,
wie wenig gesichert die Genfer Reformation in den Anfangsjah-
ren war. Die zuständigen Entscheidungsträger waren das jährlich gewählte Kollegium der vier Bürgermeister, «Syndiques»
genannt, der 25-köpfige Kleine Rat, der mindestens dreimal
wöchentlich tagte, sowie der Große Rat mit 200 Mitgliedern,
der einmal im Monat zusammentrat. Hinzu kamen noch die
zweimal jährlich tagende Versammlung aller Bürger und der
Rat der Sechzig, der hauptsächlich für diplomatische Fragen zuständig war. Wie die Bürgermeister wurden auch der Justizvogt
(«lieutenant de justice») und der Kämmerer («trésorier») jährlich neu gewählt. In den Kleinen Rat konnten nur alteingesessene Bürger («citoyens») gewählt werden, nicht jedoch solche,
die das Bürgerrecht erst erworben hatten («bourgeois»). Ihnen
standen – anders als denen, die ohne Bürgerrecht in Genf lebten
(«habitants») – die beiden anderen Räte offen.

Die Ordnung und der Katechismus wurden am 10. November 1536 dem Kleinen Rat und am 16. Januar 1537 dem Großen Rat vorgelegt und nur mit Einschränkungen angenommen.
Anders als in der Ordnung vorgesehen, sollte entsprechend dem
von Zürich beeinflussten Berner Brauch das Abendmahl nur
viermal im Jahr gefeiert werden. Die Vorstellungen von Kirchenzucht wies man zurück. Vor allem aber fand sich keine Mehrheit für das Vorhaben, alle Bürger auf ein gemeinsames Bekenntnis zu verpflichten. Erst schickte man ohne Erfolg Beamte

von Haus zu Haus, um die Zustimmung der Familienober-
häupter einzuholen. Dann wurden 1500 Exemplare des Bekenntnisses verteilt, und schließlich rief man die Bürger, nach
Stadtvierteln gegliedert, zu Versammlungen in die Kathedrale
St. Pierre. Nicht nur ließ die Teilnahme zu wünschen übrig, son-
dern hier wurde nun auch öffentlich Widerspruch geäußert. Auf
Drängen der Prediger beschlossen die Bürgermeister und der
Kleine Rat schließlich, diejenigen, die den Eid nicht leisten woll-
ten, aus der Stadt auszuweisen. Eine Versammlung der Bürger
im November 1537 protestierte dagegen, und auch der Rat der
Zweihundert beschloss am 4. Januar 1538, dass niemand vom
Abendmahl ausgeschlossen werden durfte.

Der Versuch Calvins und der anderen Pfarrer, die Bürger auf
ein Bekenntnis zu verpflichten, erwies sich als kräftiger Fehl-
schlag. Nicht nur erlangte man statt breiter Zustimmung scharfen
Widerspruch, sondern herausgekommen war eine höchst gefährliche Polarisierung der Bürgerschaft. Die katholische Partei ging
deutlich gestärkt aus den Auseinandersetzungen hervor. Als am
3. Februar 1538 die neuen Bürgermeister gewählt wurden, waren
es ausschließlich Gegner Farels und Calvins. Auch im Kleinen
Rat hatten diese nun die Mehrheit. Man wollte die Organisation
der Kirche einschließlich eventueller Kirchenzuchtmaßnahmen
nicht den Pfarrern überlassen, sondern wie in Bern und Zürich
als Angelegenheit der weltlichen Obrigkeit handhaben. Entsprechend verordnete man die Gestaltung der Abendmahlsfeier, wor-
aufhin einer der Pfarrer, Elie Corault, die Obrigkeit so heftig angriff, dass ihm das Predigen untersagt wurde. Als er sich nicht
daran hielt und Farel und Calvin erklärten, unter diesen Bedin-
gungen an Ostern nicht gemeinsam Abendmahl feiern zu können, wurden die drei Pfarrer ausgewiesen.

Am Morgen des 23. April 1538 zogen sie aus der Stadt. Corault
blieb in Orbe, 80 Kilometer nördlich von Genf. Farel und Calvin
gingen weiter nach Basel. Farel wurde im Juli 1538 nach Neuchâtel berufen. Calvin wollte in Basel seine Studien wieder aufnehmen. Schnell waren die Vorgänge in Genf bekannt geworden,
und Bucer wie Capito bemühten sich, Calvin nach Straßburg zu
holen. Bucer schrieb nicht nur Briefe, sondern schaltete auch ge-

meinsame Freunde ein, um Calvin zum Kommen zu bewegen. Aber erst als er ihm das Beispiel des alttestamentlichen Propheten Jona vorhielt, der vor seinem Auftrag, in Ninive zu predigen, geflohen und doch von Gott aufgespürt worden sei, ließ Calvin sich bewegen, nach Straßburg zu kommen (vgl. CO 31,26 f.; Schwarz 3,897). Er sollte als Pfarrer in der stark angewachsenen französischen Flüchtlingsgemeinde wirken und zusätzlich Vorlesungen über biblische Bücher an der neu gegründeten Straßburger Akademie halten. Am 8. September 1538 predigte er zum ersten Mal vor den französischen Flüchtlingen.

8. «Calvin wird zu Calvin»: Straßburg (1538–1541)

Straßburg gehörte zu den größten Städten des Heiligen Römischen Reiches Deutscher Nation. Die an einem Seitenarm des Rheins gelegene Reichsstadt mit ihren ungefähr 25 000 Einwohnern entwickelte sich im Laufe des 16. Jahrhunderts zu dem wohl wichtigsten wirtschaftlichen und kulturellen Zentrum Südwestdeutschlands (vgl. Greschat, 59–62). Schon 1521 hatte Matthäus Zell begonnen, reformatorisch zu predigen. Im Jahre 1523 kam neben Caspar Hedio und dem bekannten Gelehrten Wolfgang Capito als weiterer Pfarrer der ehemalige Dominikanermönch Martin Bucer in die Stadt. Bucer, nach Luther und Melanchthon der wirkungsreichste Reformator im deutschsprachigen Bereich, wurde bald zum unbestrittenen Gestalter der Straßburger Reformation. Unter seiner Führung entwickelte sich Straßburg zum dritten frühen Zentrum der Reformation neben Wittenberg und Zürich. Ihr charakteristisches theologisches Profil gewann die von hier aus vor allem die oberdeutschen Reichsstädte prägende Reformation durch ihre vermittelnde Stellung zwischen diesen beiden Zentren. Von Luther 1518 auf dessen folgenreicher Disputation in Heidelberg für die Reformation gewonnen, hatte Bucer sich in seinen frühen

Straßburger Jahren an der Züricher Reformation orientiert. Mit
Zwingli verband ihn eine Hochschätzung des erasmianischen
Humanismus, aber bis zuletzt suchte er den Ausgleich mit dem
verehrten Luther.

Insbesondere in der umstrittenen Abendmahlslehre suchte er
das von Luther immer wieder gegen Zwingli betonte Anliegen
einer realen Gegenwart Christi im Abendmahl konsensorien-
tiert zu interpretieren. So konnte auch er von der realen Gegenwart Christi im Abendmahl sprechen, ließ aber Luthers Insistie-
ren, dass die reale Gegenwart als leiblich-menschliche Gegenwart zu verstehen sei, in den Hintergrund treten. Stattdessen
verstand er die Gegenwart als durch die «sakramentliche Einig-
keit» von Brot und Leib Christi bzw. Wein und Blut Christi
konstituiert. Diese offene und ebenso interpretationsfähige wie
-bedürftige Formulierung ermöglichte im Jahre 1536 die bis dahin am weitesten gehende innerprotestantische Einigung in der
Abendmahlslehre, die sog. Wittenberger Konkordie. In den hier
ausgehandelten Formulierungen konnte man die Gegenwart
auch als eine Präsenz geistlicher Art verstehen.

Bucers unermüdliches Bemühen, in den innerprotestantischen
Auseinandersetzungen und später auch zwischen Protestanten
und Katholiken zu vermitteln, hat sein Ansehen bis ins 20. Jahrhundert hinein verdunkelt. Auf allen Seiten, bei Lutheranern
wie bei Reformierten, galt er als theologisch wankelmütig und
als einer, der die Theologie um der Diplomatie willen verraten
hat. Nicht nur Luther, auch zum Beispiel Zwinglis Nachfolger in Zürich, Heinrich Bullinger, hatte nur harte Worte für ihn
übrig. Anlässlich von Luthers Tod im Jahre 1546 meinte Bullinger sogar, es wäre ihm noch lieber gewesen, wenn der Herr bei
der Gelegenheit auch Bucer heimgeholt hätte (vgl. WA 54,134 f.).
Vor diesem Hintergrund ist es umso bemerkenswerter, dass Calvin bis zuletzt eine außerordentlich hohe Wertschätzung Bucers
bewahrt hat.

Inzwischen wurde ich von Bucers Tod benachrichtigt, was mich gar
sehr betrübte. Ob ich will oder nicht, bald werden wir spüren, welchen
Verlust dies für die Kirche Gottes bedeutet. Solange er lebte, bedachte

ich oft, wie reich an Gaben er vor anderen war. Wie nützlich er uns
noch hätte sein können, das erkenne ich jetzt erst ganz, da wir seiner
beraubt sind. (CO 14,106)

Wie das folgende, während des Straßburger Aufenthalts formulierte Urteil zeigt, ist der Einfluss Bucers auf Calvin insbesondere auf dem zentralen Feld der Schriftauslegung zu suchen. Im
Widmungsbrief zum Römerbriefkommentar schreibt Calvin an
Simon Grynaeus:

Dieser Mann, der, wie du weißt, an tiefer Bildung und reicher Kenntnis
verschiedener Wissenszweige, an durchdringendem Geist, großer Bele-
senheit und vielen anderen Tugenden heutzutage kaum von irgendje-
mandem übertroffen wird, mit ganz wenigen zu vergleichen ist, ja, die
Meisten weit überragt, verdient vor allem als sein eigenstes Lob, dass
keiner, so weit man sich besinnen kann, mit sorgfältigerem Fleiß sich
mit Schriftauslegung befasst hat. (CO 10/2,403)

Calvin ist von keinem anderen Theologen neben Luther so angeregt und geprägt worden wie von Bucer. Insofern hat Jacques
Courvoisier mit einem gewissen Recht über die gemeinsamen
Jahre Calvins mit dem 18 Jahre älteren Kollegen und Freund ge-
urteilt, erst in Straßburg sei Calvin Calvin geworden (vgl. Courvoisier, 107). Hier hat Calvin die auch gegenüber Luther eigenständigen Positionen entwickelt, die dann maßgeblich das besondere Profil des reformierten Protestantismus ausmachten
(siehe unten Seite 106–108). Dokumentiert sind die maßgeblich
auf Bucers Einfluss beruhenden Veränderungen in der zweiten,
1539 erschienenen Ausgabe der *Institutio*, die Calvin während
seines Aufenthalts in Straßburg fertiggestellt hat. Das Werk ist
im Umfang deutlich angewachsen. Aus ursprünglich sechs sind
siebzehn Kapitel geworden. Zum Titel *Unterricht in der christlichen Religion* fügt Calvin den Zusatz «der erst jetzt wirklich
seinem Titel entspricht» hinzu. Das humanistische Erbe wird
profilierter formuliert. Die von Budé geprägte Rede vom unauf-
löslichen Zusammenhang von Gottes- und Selbsterkenntnis am
Beginn der *Institutio* wird zu der programmatischen Einführung
ausgearbeitet, die alle weiteren Ausgaben bestimmt. 1536 hatte

es noch schlicht geheißen: «Die Summe fast der gesamten heiligen Lehre besteht aus diesen beiden Teilen: Erkenntnis Gottes
und unser selbst» (CO 1,27; OS 1,37). Seit der Ausgabe von
1539 wird der Begriff «Lehre» durch den der «Weisheit» ersetzt.
Noch grundsätzlicher und im Weiteren ausführlich begründet,
heißt es jetzt: «Fast alle unsere Weisheit, sofern sie wirklich
den Namen Weisheit verdient und wahr und zuverlässig ist,
umfasst im Grunde zweierlei: die Erkenntnis Gottes und unsere Selbsterkenntnis» (CO 1,279; vgl. Inst. I,1,1, OS 3,31,6–8).
Ohne Selbsterkenntnis gibt es keine Gotteserkenntnis und ohne
Gotteserkenntnis keine Selbsterkenntnis. Mit der Ersetzung des
Begriffs «Lehre» durch den der «Weisheit» werden im Sinne des
Humanismus Lebensbezug und existenzielle Dimension als Cha-
rakteristika wahrer Theologie noch stärker hervorgehoben.

Auch in anderer Hinsicht waren die Straßburger Jahre für
Calvin eine ausgesprochen fruchtbare Zeit. Nach Bucers Willen
sollte er als Pfarrer der französischsprachigen Gemeinde, die
zum größten Teil aus Glaubensflüchtlingen bestand, wirken. Im
September 1538 begann er zu predigen, zuerst in der Kirche St.
Nicolai im Wasser, später in der Magdalenenkirche und schließlich im Chor der ehemaligen Dominikanerkirche. Neben der
Seelsorge an den Gemeindegliedern, die zum Teil ihr Hab und
Gut in Frankreich zurückgelassen hatten, musste er das gottes-
dienstliche und das übrige Leben der Gemeinde organisieren.
Angesichts der zahlreichen Täufer in der Stadt entwarf er ein
Taufformular. Wie in Genf suchte er den Gemeindegesang zu
fördern und konnte dabei auf die Straßburger Vorgaben zurück-
greifen. Bereits 1539 wurde das Gesangbuch *Aulcuns pseaulmes
et cantiques mys en chant* (*Einige Psalmen und Lieder in Musik
gesetzt*) mit gereimten Psalmen für den Gebrauch in der französischen Gemeinde gedruckt. Es enthielt achtzehn Psalmen, den
Lobgesang Simeons, die in Verse gefassten Zehn Gebote sowie
das Glaubensbekenntnis. Einige der Psalmen hat Clément Marot, den Calvin in Ferrara kennengelernt hatte, übersetzt und in
Reimform gebracht, sieben Calvin selbst.

Ein Schwerpunkt der Bemühungen war die Gestaltung der
Feier des Abendmahls und – in engem Zusammenhang damit –

verbindlicher Formen des Gemeindelebens bis hin zur Handhabung der Kirchenzucht. Unter den Glaubensflüchtlingen war
von Anfang an ein hohes Maß an Bereitschaft, das Leben an der
Heiligen Schrift auszurichten, vorhanden. Calvin hatte also nicht
die gleichen Konflikte wie in Genf zu erwarten. Aber auch in
Straßburg hatte der Rat nicht die Absicht, seine Kompetenz in
Fragen der Sittenzucht an die Pfarrer abzugeben. Gemäß der
Kirchenordnung von 1534, die im Januar 1535 in Kraft gesetzt
worden war, lag die Leitung der Kirche in Straßburg in den Händen einer aus sieben Männern bestehenden Kommission (zwei
Ratsherren, drei Kirchspielpfleger und zwei Prediger). Sie war
hauptsächlich für Lehrfragen zuständig, konnte aber ohne Rats-
beschluss nicht eingreifen. Für die Sittenzucht waren 21 Kirchspielpfleger zuständig. Schon 1531 war festgelegt worden, dass
in jeder der sieben Gemeinden Straßburgs drei «ehrbare und ver-
ständige» Männer zu ernennen seien: einer aus dem Rat, einer
aus den Zünften und einer aus der Gemeinde. Auch die Kirchspielpfleger hatten nur die Befugnis zu seelsorgerlicher Ermahnung. Der Ausschluss vom Abendmahl oder andere geistliche
Strafen werden in der Ordnung nicht erwähnt. Ebenso wenig
konnte die «Convocatz», die vierzehntägliche Zusammenkunft
von Predigern und drei Kirchspielpflegern, unabhängig vom Rat
Kirchenzuchtmaßnahmen verhängen. Bucer hatte sich unter dem
Einfluss Oekolampads von Zwinglis Vorstellung einer Sittenzucht unter Verantwortung der weltlichen Obrigkeit gelöst.
    Da die französische Flüchtlingsgemeinde mit ihren ungefähr
500 Mitgliedern nicht im Zentrum des Interesses stand, konnte
Calvin vergleichsweise unbehelligt seine Vorstellungen umsetzen. Ausgangspunkt war die für ihn unbefriedigende Handhabung des Abendmahls. Es sollte entsprechend den Straßburger
Gebräuchen monatlich gefeiert werden, der Zugang war anfangs
frei. Seit Ostern 1540 verlangte Calvin, dass sich die Teilneh-
menden vorher bei ihm melden und zu einem seelsorgerlichen
Gespräch einfinden sollten. Gegen den Vorwurf einer Wiederein-
führung der katholischen Beichte verteidigte er sich mit dem
Argument, es ginge um Unterricht, Ermahnung und Trost (vgl.
CO 11,41). Auch einen Widerspruch zur christlichen Freiheit

sah er nicht, da diese nicht im Widerspruch zu den biblischen Vorgaben gegenseitiger brüderlicher Begleitung bzw. Ermahnung zu verstehen sei. Vermutlich ohne es bewusst vor Augen zu haben, näherte sich Calvin damit der lutherischen Praxis der Beichte. Faktisch konnte er in der französischen Flüchtlingsgemeinde Bucers Vorstellungen zur Kirchenzucht besser umsetzen, als es diesem selbst in der Straßburger Kirche möglich war.

Calvins Tätigkeit war anfangs weitestgehend in Bucers Engagement begründet, denn er erhielt in den ersten Monaten vom Rat kein Gehalt, sondern lediglich Unterstützung von jenem und Capito. Calvin musste sogar aus finanziellen Gründen Bücher seiner Bibliothek verkaufen. Erst als er im Januar 1539 mit Vorlesungen an der neu gegründeten Akademie in Straßburg begann, wurde ihm ein Jahresgehalt von 52 Gulden gewährt. Versuche des Bürgermeisters Jakob Sturm, ihm ein zusätzliches Kaplanseinkommen zu verschaffen, ließen sich nicht verwirklichen.

Jakob Sturm war auch die treibende Kraft beim Versuch, das Straßburger Schulwesen neu zu organisieren. 1538 gelang es ihm, den Humanisten Johannes Sturm nach Straßburg zu holen, damit dieser seinem Ideal der «weisen und beredten Frömmigkeit» («sapiens et eloquens pietas») folgend eine höhere Schule aufbaue. Johannes Sturm gelang das in ausgezeichneter Weise, sodass die entstehende Straßburger Akademie zum Vorbild zahlreicher Hochschulen im reformierten Bereich wurde. Calvins Aufgabe bestand darin, Vorlesungen über neutestamentliche Bücher zu halten. Nach dem Johannesevangelium behandelte er die Korintherbriefe und wohl auch den Philipper- und Römerbrief. Calvin tat dies mit großem Erfolg, sodass Johannes Sturm sich in hohen Tönen lobend darüber äußerte.

Durch die Vorlesungstätigkeit hatte sich Calvins ökonomische Situation deutlich verbessert. Geblieben waren die Schwierigkeiten des immer noch Unverheirateten – in Calvins Fall nicht zuletzt die Unzufriedenheit mit einer Haushälterin! Denkbar trocken und das Glück, das er bald finden sollte, geradezu wegredend, hat Calvin sich zur Frage der Heirat wie folgt geäußert:

Ich gehöre nicht zu der verrückten Art von Liebhabern, die auch die Feh-
ler [ihrer Geliebten] preisen, wenn sie einmal von der Schönheit hingeris-
sen sind. Das ist die einzige Schönheit, die mich anlockt, wenn sie züchtig
ist, gehorsam, nicht hochmütig, sparsam, geduldig, wenn ich auch hoffen darf, dass sie zu meiner Gesundheit Sorge trägt. (CO 10/2,348;
Schwarz 1,119)

Nach der Sitte der Zeit halfen die Freunde, eine Frau zu finden,
allerdings ohne Erfolg. Im Jahre 1540 verstarb ein früherer
Täufer, Jean Stordeur aus Lüttich, der durch Calvins Wirken
Mitglied der Flüchtlingsgemeinde geworden war, an der Pest.
Im August des folgenden Jahres heiratete Calvin seine Witwe,
Idelette de Bure, und nahm ihre zwei Kinder in sein Haus auf.
Die gemeinsamen Kinder starben kurz nach der Geburt. Allem
Anschein nach erfuhr Calvin die Ehe als großes Glück. Aber erst
der tiefe Schmerz über Idelettes Tod im Jahre 1549 öffnete ihm
den Mund, um seiner innigen Verbundenheit und Liebe Aus-
druck zu geben.

So furchtbar schwer mir auch der Tod meiner Frau war, so suche ich
doch, so gut ich kann, meine Traurigkeit zu überwinden. ... Du kennst
die Empfindlichkeit oder besser Weichheit meines Herzens. Deshalb,
hätte ich mir nicht gewaltsam Mäßigung auferlegt, ich stünde nicht
mehr aufrecht bis jetzt. Genommen ist mir die beste Lebensgefährtin.
Wäre mir etwas Schlimmes widerfahren, sie hätte nicht nur willig Verbannung und Armut mit mir geteilt, sondern auch den Tod. (CO 13,230;
Schwarz 2,464 f.)

Fruchtbar war die Straßburger Zeit für Calvin außerdem insofern, als sich ihm durch die Beteiligung an den Reichsreligionsgesprächen der Jahre 1540 und 1541 eine neue Welt erschloss.
Hier kam er zum ersten Mal mit führenden Vertretern der katholischen Kirche, die von humanistischem Reformgeist erfüllt
waren, in Kontakt. Vor allem aber machte Calvin Bekanntschaft
mit einigen der wichtigsten deutschen Reformatoren. Melanchthon hatte er bereits im Zuge einer Reise zum Schmalkal-
dener Bundestag nach Frankfurt am Main im Februar 1539
kennengelernt und konnte am Rande der Gespräche intensiven
Austausch pflegen. Sein besonderes Anliegen war, für die Unter-

stützung der französischen Glaubensbrüder zu werben. Auf dem ersten Reichsreligionsgespräch, das wegen eines Pestausbruchs von Speyer nach Hagenau verlegt worden war, fanden im Juni und Juli 1540 überhaupt nur Verhandlungen über die Modalitäten statt. Calvin kam für einige Tage aus dem benachbarten Straßburg hinzu.

Das Religionsgespräch in Worms vom 28. Oktober 1540 bis 18. Januar 1541 besuchte Calvin im Rahmen der Straßburger Delegation zusammen mit Bucer, Capito und Johannes Sturm. Bucer wollte Calvin ausdrücklich wegen seiner großen Kenntnis der Kirchenväter dabei haben. Die Beratungen begannen mit einer innerevangelischen Verständigung. Die Protestanten hatten durchsetzen können, dass die Verhandlungen auf der Basis des Augsburger Bekenntnisses geführt wurden. Ein besonderes Problem war gewesen, dass für einen Teil von ihnen die Abendmahlslehre im zehnten Artikel des Bekenntnisses mit der massiven Betonung der Realpräsenz des Leibes und Blutes Christi kaum annehmbar war. Bucer hatte hier seit 1530 um eine innerprotestantische Verständigung geworben und sie schließlich 1536 zusammen mit Melanchthon in der erwähnten Wittenberger Konkordie zustande gebracht.

Als in Straßburg tätiger Pfarrer hat Calvin grundsätzlich das Augsburger Bekenntnis von 1530 anerkannt, denn Straßburg war seit 1531 Mitglied im Schmalkaldischen Bund und hier galt das Bekenntnis als Bundesurkunde. Im April 1532 hat die Stadt Straßburg der Confessio Augustana auch ausdrücklich zugestimmt. Gleichwohl entsprach Calvins Abendmahlslehre dem Augsburger Bekenntnis nicht in jeder Hinsicht, da er nur eine geistliche Gegenwart Christi denken konnte. Auch im Bereich der von Zwingli beeinflussten oberdeutschen Reformation bestanden starke Bedenken. So verfasste Melanchthon 1540 um der innerprotestantischen Einheit willen im Auftrag des Schmalkaldischen Bundes eine revidierte Fassung des Augsburger Bekenntnisses. Hier wurde die Gegenwart Christi im Abendmahl offener und weitaus interpretationsfähiger formuliert. Über diesen Text mit der im Sinne Calvins modifizierten protestantischen Abendmahlslehre wurde dann in Worms – allerdings ergebnislos – diskutiert.

Erst das dritte, am 27. April 1541 beginnende Reichsreligionsgespräch in Regensburg brachte wenigstens eine Teileini-
gung in Fragen der Rechtfertigung und bei einigen anderen Themen. Calvin nahm hier neben Bucer als Vertreter der Stadt
Straßburg teil. Melanchthon hatte im Anschluss an das Worm-
ser Religionsgespräch seine außerordentliche Wertschätzung
Calvins den Straßburger Gesandten gegenüber zum Ausdruck
gebracht und sich bei ihnen für dessen Teilnahme verwandt.
Calvin machte sich über die Erfolgschancen der Gespräche wenig Hoffnungen, und in der Tat prallten die Auffassungen in der
Lehre von der Kirche, im Amtsverständnis und der Abend-
mahls- bzw. Messopferlehre unversöhnlich aufeinander. Während die Protestanten an der unumstößlichen Ablehnung der
Deutung der Gegenwart Christi im Abendmahl durch die Trans-
substantiationstheorie festhielten, beharrten die Altgläubigen
ebenso kompromisslos auf dieser durch das 4. Laterankonzil
von 1215 dogmatisierten Lehre. Der Transsubstantiationslehre
nach änderte sich im Zuge der Abendmahlshandlung die Subs-
tanz von Brot und Wein, nicht aber die äußeren Erscheinungs-
formen, die Akzidenzien. Calvin hat in den Debatten für eine
klare Formulierung des evangelischen Standpunktes votiert. Da
die innerevangelischen Beratungen um der Fürsten willen, die
nur teilweise Latein verstanden, in deutscher Sprache geführt
wurden, konnte er, wie er Farel mitteilte, der Diskussion nur
teilweise folgen:

Auch ich musste in lateinischer Sprache sagen, was ich meine. Obwohl
ich keinen von den anderen verstanden hatte, so verurteilte ich doch frei
heraus, ohne Furcht, damit Anstoß zu geben, die leibliche Gegenwart
[Christi in der Hostie] und fügte bei, die Anbetung sei für mich etwas
Unerträgliches. Glaube mir, in solchen Verhandlungen braucht man starke Geister, die die anderen fest machen. (CO 11,216; Schwarz 1,191)

Obwohl Calvin dann vorzeitig nach Straßburg abreiste, war er
von den Einigungsverhandlungen durchaus beeindruckt. Gerade auf dem Hintergrund der eigenen Erfahrung der Verfolgung schien es ihm sinnvoll, solche Einigungsversuche – so weit
ohne Verleugnung der Wahrheit möglich – zu unterstützen. An

Farel schrieb er am 11. Mai 1541 aus Regensburg über den Kompromiss in der Rechtfertigungslehre, der evangelische und katholische Lehren eher additiv zusammenfügte und den Luther als «ein geflickt Ding» bezeichnet hatte:

Man hat eine Formel aufgesetzt, die man beiderseits mit gewissen Verbesserungen annahm. Ich weiß, Du wirst Dich wundern, dass die Gegner so viel zugestanden haben, wenn Du das Blatt durchliesest, das Du im Wortlaut der letzten Redaktion beiliegend findest. Denn die Unsern hielten die Hauptsache der wahren Lehre fest, sodass in der Formel nichts steht, was nicht auch in unseren Schriften vorkommt. Ich weiß, Du wünschtest eine deutlichere Erklärung und hast mich darin zum Gesinnungsgenossen. Aber wenn Du bedenkst, mit welchen Leuten wir zu tun hatten, so wirst Du einsehen, dass viel erreicht ist. (CO 11,215; Schwarz 1,190 f.)

Die Straßburger Jahre waren schließlich auch in schriftstellerischer Hinsicht eine ausgesprochen fruchtbare Zeit. Neben der erwähnten Neuausgabe der *Institutio* und der Veröffentlichung des Römerbriefkommentars hat Calvin mehrere wirkungsreiche Schriften zum Druck gebracht. Charakteristisch war, dass er jetzt auch in französischer Sprache schrieb und schon dadurch eine stärkere Breitenwirkung entfalten konnte als mit den nur den Gelehrten zugänglichen lateinischen Werken. In der Straßburger Zeit bereitete Calvin eine französische Übersetzung der *Institutio* vor, die einen großen Einfluss in Frankreich ausüben sollte. Zu Recht ist ihr weit über die evangelischen Kreise hinaus eine zentrale Bedeutung für die Entwicklung der französischen Sprache insgesamt zuerkannt worden.

Im Jahre 1541 kam in französischer Sprache eine *Kurze Abhandlung vom Heiligen Abendmahl unseres Herrn Jesus Christus* zum Druck, mit der Calvin der entstandenen Verwirrung in den Gemeinden entgegenwirken wollte. Die scharfen Auseinandersetzungen zwischen Luther und Zwingli in dieser Sache in den zwanziger Jahren und die Unfähigkeit der beiden Seiten, sich sogar angesichts verschärfter Bedrohung durch die Altgläubigen auf dem Marburger Religionsgespräch 1529 in dieser Sache zu einigen, standen Calvin deutlich vor Augen. Gerade die

Teilnahme an den Reichsreligionsgesprächen 1540–41 hatte
ihm die gefährlichen Folgen der Uneinigkeit in der Abendmahls-
frage für die evangelische Sache in aller Klarheit vor Augen geführt. Calvin wollte die Züricher und Basler Reformatoren dazu
bewegen, die innerprotestantische Einigung nicht zu gefährden.
Denn sie standen der in Straßburg geltenden Wittenberger Konkordie und der in Worms und Regensburg diskutierten ge-
milderten Abendmahlslehre des Augsburger Bekenntnisses von
1540 ablehnend gegenüber. Zugleich suchte er ihnen deutlich
zu machen, dass sich seine Überzeugungen auch nach dem
Wechsel nach Straßburg nicht geändert hätten.

Ohne den verhängnisvollen Abendmahlsstreit, der so viele
Gewissen verwirrt habe, wiederaufrollen zu wollen, weist er auf
die problematischen Zuspitzungen sowohl Luthers als auch
Zwinglis und Oekolampads hin. Luther habe bei seiner gegen
die Transsubstantiationslehre entfalteten Auffassung von der
leiblichen Gegenwart Christi im Abendmahl Vergleiche gezogen,
die «ein bisschen hart und schroff» gewesen seien. Bei seiner
Widerlegung der Transsubstantiationslehre habe er sich nicht
verständlich machen können, «ohne einige unangemessene
Ausdrücke zu verwenden» (CO 5,458; OS 1,527; CStA 1/2,487,
Zl. 42–489, Zl. 2). Auf der anderen Seite seien Zwingli und
Oekolampad bei ihrer Kritik an der «abscheulichen Abgötterei»,
die sich in den letzten Jahrhunderten eingebürgert habe, übers
Ziel hinaus geschossen; sie

vergaßen zu erklären, welche Art von Gegenwart Jesu Christi wir im
Abendmahl glauben und welcher Art von Gemeinschaft seines Leibes
und Blutes wir darin teilhaftig werden. Und das in einem Maße, dass
Luther meinte, sie wollten nichts als leere Zeichen gelten lassen, ohne
deren geistliche Wirklichkeit. So begann er, ihnen die Stirn zu bieten, ja,
sie als Ketzer zu denunzieren. (CO 5,458; OS 1,528; CStA 1/2,489,
Zl. 18–23)

Calvin interpretierte die Standpunkte der beiden Parteien recht
wohlwollend und stellte seine eigene Auffassung als für beide
Seiten akzeptable Mittelposition dar. Faktisch ist die inhaltliche
Nähe zu Luther jedoch größer als zu den beiden anderen. Zwar

lehnt er Luthers Tendenz einer räumlichen Einschließung der Gegenwart Christi in den Elementen ab, aber er legt alles Gewicht auf das Festhalten der – geistlich zu verstehenden! – Gegenwart Christi im Abendmahl. Wie Luther betont er, dass das Sakrament neben dem Wort das Mittel ist, «durch das uns der Herr in die Gemeinschaft mit Jesus Christus führt» (CO 5,435; OS 1,505; CStA 1/2,447, Zl. 12 f.). Die für den weiteren Verlauf charakteristischen Tendenzen einer Konfessionalisierung haben die ursprüngliche Nähe zwischen Calvin und Luther verdeckt. Kurz zuvor hatte sich Luther in einem Brief an Bucer sehr positiv über Calvin geäußert und ihn grüßen lassen. Er habe Calvins *Antwortschrift an Kardinal Sadolet* «mit außerordentlicher Freude» («cum singulari voluptate», WA. Briefe 8,569, Zl. 30 f.) gelesen – eine Schrift, in der Calvin 1539 immerhin die gleiche Abendmahlslehre vertreten hatte wie in der *Kurzen Abhandlung vom Abendmahl* von 1541.

Die *Antwortschrift an Kardinal Sadolet* (CO 5,385–416; OS 1,457–489; CStA 1/2,346–429) ist ein weiterer wirkungsreicher Text, den Calvin in den Straßburger Jahren verfasst hat. Bis heute gilt sie zu Recht als eine der brillantesten Verteidigungsschriften der Reformation überhaupt. Knapp und präzise werden die Missstände, die sie notwendig gemacht haben, und die reformatorischen Lehren dargelegt. Anlass der Schrift war ein ausführliches Schreiben Kardinal Jakob Sadolets vom März 1539 an den Magistrat und die Bürgerschaft von Genf. Angesichts der Wirren im Zusammenhang mit der Entlassung der Prediger im Jahre 1538 forderte er die Genfer auf, zur allein wahren katholischen Kirche zurückzukehren. Eine von Papst Paul III. nach Lyon einberufene Versammlung hatte den humanistisch gesinnten Gelehrten dazu beauftragt, weil er wegen seiner Gelehrsamkeit und Unbestechlichkeit hohes Ansehen auch in reformorientierten Kreisen genoss. Sadolets Schreiben war diplomatisch zurückhaltend und ausgesprochen wohlwollend formuliert, sodass es in Genf eine beträchtliche Wirkung erzielte. Hier und vor allem in Bern traute man den neu angestellten Genfer Pfarrern eine angemessene Antwort nicht zu, sodass Calvin darum gebeten wurde. Der Präfekt des Berner Gymnasi-

ums und spätere Antistes der Basler Kirche, Simon Sulzer,
brachte Sadolets Schreiben sogar persönlich nach Straßburg.
Nach anfänglichem Zögern sagte Calvin zu und konnte die Antwortschrift bereits am 1. September 1539 abschließen.

Insbesondere den Vorwurf der Kirchenspaltung nahm Calvin
sehr ernst und wies ihn mit grundsätzlichen Überlegungen zur
Einheit der Kirche zurück. Nicht im organisatorischen und lehr-
mäßigen Zusammenhalt liege ihre Einheit begründet, sondern
darin, dass auf die Stimme Christi gehört werde. Nur so würden
die alten Grundsätze der Heiligkeit, der Katholizität und der
Apostolizität gewahrt. Die Kirche, so lautet Calvins Definition,
«ist die Gemeinschaft aller Heiligen, welche, über den ganzen
Erdkreis und durch alle Zeiten zerstreut, doch durch die eine
Lehre Christi und den einen Geist verbunden ist und an der Einheit des Glaubens und brüderlicher Eintracht festhält und sie
pflegt» (CO 5,394; CStA 1/2,369, Zl. 6–10). Daran hat sich je-
des bestehende Kirchenwesen kritisch messen zu lassen. Die
Pointe der Argumentation ist die geisttheologische Zuspitzung
in einer doppelten Kritik. In der päpstlichen Kirche sei nicht
mehr der Heilige Geist Herr der Kirche, sondern die Autorität
liege bei der Hierarchie und ihrem «objektiven» Lehramt. Gegen die Radikalen innerhalb der reformatorischen Bewegung,
die Täufer, argumentiert Calvin, dass hier die Autorität des Heiligen Geistes zugunsten der des «subjektiven» individuellen Ge-
wissens aufgegeben sei. Diese beiden Fehlentwicklungen, nicht
die durch das Hören des Wortes Christi bestimmte reformatorische Kirche, verstießen gegen die Einheit der Kirche.

Calvins Schrift erfüllte ihren Zweck, die Genfer Bürger auf
ihrem reformatorischen Weg zu stärken. Calvin wurde von nun
an von unterschiedlicher Seite unablässig gebeten, nach Genf
zurückzukehren, aber es dauerte noch fast zwei Jahre, bis er seinen Dienst in der Stadt endgültig wieder aufnahm. Calvin
sträubte sich: «Lieber hundertmal sonst sterben als dieses Kreuz,
an dem ich tausendmal am Tag verderben müsste», schrieb er
am 29. März 1540 an Farel (CO 11,30; Schwarz 1,142). Und
noch ein Jahr später, am 1. März 1541, äußerte er sich Viret gegenüber ähnlich kategorisch ablehnend:

Es gibt keinen Ort unter dem Himmel, vor dem ich mehr zurückschrecke, nicht etwa weil ich ihn hassen würde, sondern weil ich vor Augen habe, mit welchen Schwierigkeiten ich dort zu kämpfen hätte. (CO 11,167)

Inzwischen hatten sich die Kräfteverhältnisse zugunsten der «Guillermins» – wie man die Anhänger Calvins und Farels nach des Letzteren Vornamen nannte – verändert. Der Grund für den Umschwung lag in einem geheimen Zusatzvertrag, den drei Delegierte Genfs mit Bern geschlossen hatten und in dem offenkundig Genfer Interessen im Waadtland verletzt worden waren. Im Volk wandte sich die Stimmung gegen die herrschende Partei, deren Gefolgsleute nach den Artikeln, die das Verhältnis Genfs zu Bern regelten, «Artikulanten» oder spottend «Artischocken» genannt wurden. Bei den Wahlen im Frühjahr 1540 gewannen die Guillermins einige Sitze hinzu. Da Bern auf seine aus dem Vertrag resultierenden Rechte pochte, wurden die Forderungen nach Bestrafung der Schuldigen immer lauter. Daraufhin flohen diese aus Genf, und die freigewordenen Sitze im Kleinen Rat wurden mit Guillermins besetzt. Ein letztes Aufbäumen der Artikulanten führte zu einem Zusammenstoß, bei dem es zwei Tote gab. Der Rat beschloss, dem Hauptschuldigen, dem Artikulanten Jean Philipp, den Prozess zu machen; er endete mit dessen Hinrichtung am 10. Juni 1540.

Als dann auch noch die neu angestellten Prediger Jean Morand und Antoine Marcourt im Juli und September 1540 die Stadt verließen, bemühten sich die Verantwortlichen um eine Rückkehr Calvins. Da er im Juli 1539 in Straßburg das Bürgerrecht erlangt hatte – er war der Zunft der Schneider zugeteilt –, mussten die dortigen Herren die Erlaubnis erteilen. Erst nach mehrfachen Bittschreiben lenkten Calvin und die Straßburger ein. Wieder war es Farel, der Calvins Widerstand brach. «Hätte ich die Wahl», schrieb er diesem, «ich täte lieber alles andere als Dir gehorchen. Aber da ich weiß, dass ich nicht mein eigener Herr bin, so bringe ich mein Herz gleichsam ertötet dem Herrn zum Opfer dar» (CO 11,100; Schwarz 1,164). Am 2. September 1541 machte Calvin sich auf den Weg, am 13. September traf er in Genf ein.

9. Genf 1541–1542:
Die Neuordnung der Kirchenzucht

Der Genfer Magistrat empfing Calvin mit ausgesuchter Höflichkeit. Man stellte ihm ein Wohnhaus in der Rue des Chanoines zur Verfügung und bewilligte ihm ein Gehalt, das doppelt so hoch wie das der anderen Pfarrer war. Wider Erwarten nutzte Calvin seine erste Predigt in der Kathedrale St. Pierre nicht zu einer grundsätzlichen Abrechnung oder einer programmatischen Zielbestimmung. Stattdessen fuhr er im Zuge seiner Praxis der fortlaufenden Predigt über ganze biblische Bücher an der Stelle fort, an der er knapp zweieinhalb Jahre zuvor hatte abbrechen müssen. Damit brachte er zum Ausdruck, dass er seinen Auftrag treu weiterführen wollte, auch wenn er für einige Zeit daran gehindert worden war. Entsprechend forderte er vom Kleinen Rat gleich bei der ersten Begegnung die Ausgestaltung einer Kirchenordnung unter Einbeziehung der Kirchenzucht. Eine hochrangig besetzte Ratskommission wurde eingesetzt, aber es war im Wesentlichen Calvin, der den Entwurf erarbeitet hatte. Schon am 27. September 1541 lag der Text vor und der Kleine Rat diskutierte darüber. Am 9. November stimmte der Rat der Zweihundert einer modifizierten Fassung zu, am 20. November die Bürgerversammlung. Die Änderungen, die hier vorgenommen wurden, zeigen das vehemente Bestreben der weltlichen Herren, auch in kirchlichen Fragen die eben gewonnene Herrschaftsgewalt nicht zu verlieren und die Kompetenzen der Pfarrer zu begrenzen.

Nicht strittig war die Ämterordnung, die sich an den biblischen Texten orientierte und nach Straßburger Vorbild entworfen war. Der Herr habe zur Leitung seiner Kirche vier Ämter eingesetzt: die Pastoren, denen die Wortverkündigung in der Öffentlichkeit und im seelsorgerlichen Gespräch sowie die Sakramentsverwaltung obliegt; die Doktoren, die für die Bewahrung der rechten Lehre verantwortlich sind, über die theologische Ausbildung hinaus aber auch im gesamten Bereich der von der Kirche verantworteten Schule tätig sind; die Ältesten, die über das Leben der Gemeindeglieder Aufsicht führen; sowie die Diakone, die für die Armen- und die Krankenfürsorge zuständig sind. Ebenso wenig umstritten wie die Ämteraufteilung waren die vorgesehenen Regelungen für die Gottesdienste und weitere kirchliche Handlungen im zweiten Teil der *Ordonnances ecclésiastiques* oder auch das Bettelverbot.

Die durch die Vertreter des Magistrats vorgenommenen Veränderungen betrafen allesamt ein grundsätzliches Thema: das Verhältnis von geistlicher und weltlicher Gewalt. Schon die einführenden Sätze, welche dem Entwurf Calvins vorangestellt wurden, weisen auf das Problem. Zwar wird die Eigenständigkeit des geistlichen Regiments («gouvernement spirituel»), «wie sie unser Herr durch sein Wort dargelegt und eingerichtet hat», betont. Zugleich formulierten die Bürgermeister, der Kleine und der Große Rat aber bereits im ersten Satz der Ordnung den Anspruch, für die reine Bewahrung der «Lehre des heiligen Evangeliums unseres Herrn» verantwortlich zu sein (CO 10/1,16).

Konkret wurde die Konfliktträchtigkeit des Verhältnisses von geistlicher und weltlicher Gewalt in den Regelungen zur Kirchenzucht. Ihre Ausübung lag in den Händen eines Konsistoriums, dem neben den Pfarrern zwölf Älteste angehörten. Sowohl bei der Auswahl der Kandidaten für das Pastorenamt als auch bei der Bestimmung der Ältesten beharrten die Ratsmitglieder auf ihrem Entscheidungsrecht; den Pfarrern wurde nur ein Recht auf Beratung zugestanden. Die Ältesten wurden durch Hinzufügungen zu Calvins Text ausdrücklich als «von der Seigneurie zu beauftragen und in das Konsistorium abzuordnen» bezeichnet (CO 10/1,21 f.). Calvin hatte kein Problem damit, dass die Regelungen vorsahen, zwei Vertreter aus dem Kleinen Rat, vier aus dem Rat der Sechzig und sechs aus dem Großen Rat auszuwählen. Jedoch finden sich in den Abschnitten seiner *Institutio*, die die Kirchenzucht behandeln, keine entsprechenden Bemerkungen zu einer solchen Beteiligung der weltlichen Gewalt. Immerhin hatte Calvin erreichen können, dass auch Neubürger

(«bourgeois») Älteste werden durften, da sie in den Großen Rat
und den Rat der Sechzig gewählt werden konnten.

Das Konsistorium konnte keine Strafen verhängen, sondern
lediglich Ermahnungen aussprechen. Im Jahre 1543 hat der Kleine Rat dies nach erneuten Verhandlungen bekräftigt, zehn Jahre
später noch einmal. Die von Calvin geforderte Kompetenz, vom
Abendmahl auszuschließen und damit die zeitlich begrenzte Exkommunikation zu vollziehen, wurde dem Konsistorium erst
nach langen Kämpfen fast fünfzehn Jahre später zugestanden.
Die Verhandlungen des wöchentlich tagenden Konsistoriums
blieben auf Verhör und Ermahnung beschränkt. Das Recht zu
strafen blieb dem Kleinen Rat bzw. den Bürgermeistern, denen
das Konsistorium Mitteilung zu machen hatte, vorbehalten.

Willem van't Spijker hat die Sachverhalte, die zur Kirchenzucht führten, wie folgt zusammengefasst:

Auf religiösem Gebiet richtete sie sich vor allem gegen Rückfall in den
römischen Katholizismus, ferner auch gegen ketzerische Anschauungen,
unzulängliche Kenntnis in Glaubensdingen oder auch verdächtige Anschauungen. Mehrmals wurden Menschen vor den Kirchenrat [sc. das
Konsistorium] zitiert wegen Nachlässigkeit im Kirchenbesuch oder Lax-
heit bei der Teilnahme am Abendmahl. Beleidigung der Pfarrer, besonders Calvins, Insubordination gegenüber dem Kirchenrat [sc. das Konsis-
torium] und später auch Kränkung französischer Emigranten gaben Anlass zu ernstlicher Ermahnung. Das Gebiet der Sittlichkeit wurde genau
beobachtet: Ehebruch, Prostitution, Unzucht und Homosexualität wurden streng bestraft, ebenso Immoralität wie Tanzen und Singen unan-
ständiger Lieder, magische Praktiken, Prügeleien, Trunksucht und Tot-
schlag. (van't Spijker, 164 f.)

Die Praxis der Kirchenzucht entfernte sich von den biblischen
Vorgaben (Matthäus 18,15ff.), nach denen die geschwisterliche
Ermahnung, wenn es sich nicht um öffentliche Vergehen handelte, nicht gleich in der Öffentlichkeit erfolgen sollte. Weil das
Konsistorium im Grunde ein Beratungsgremium des Magistrats
war, konnte das schon von der Rechtskonstruktion her nicht so
sein. Calvin meinte, dass man jetzt wenigstens eine der Schwach-
heit der Zeit entsprechende Zucht («disciplina») habe.

Unter den Reformatoren war der Grundsatz der klaren Unterscheidung von weltlicher und geistlicher Gewalt unumstritten. Auch Calvin hat ihn immer wieder betont. Bei der Frage der Verantwortung der weltlichen Obrigkeit für die Sitten- und Kirchenzucht gab es jedoch unterschiedliche Standpunkte. Gemäß der Auffassung Zwinglis war sie in Zürich (und Bern) eine Sache der weltlichen Obrigkeit. Dagegen hatte der Basler Reformator Oekolampad in einer wirkungsreich gewordenen Rede vor dem Rat der Stadt im Jahre 1530 die Kirchenzucht als Angelegenheit kirchlicher Instanzen betont. Ähnlich hat Bucer argumentiert, allerdings ohne den Straßburger Rat überzeugen zu können. Calvin hat Oekolampads Rede, die 1536 in Basel während seines Aufenthalts gedruckt wurde, gekannt. Bucers einschlägige Ausführungen, die dieser während Calvins Aufenthalt in Straßburg in den Jahren 1538 und 1539 niederschrieb, waren Calvin ebenfalls vertraut. An ihnen hat er sich orientiert.

Die zwinglianische Position in der Frage der Kirchenzucht wurde wesentlich mit dem Verweis auf alttestamentliche Gestalten begründet. Calvin hielt dem in einem Brief an Oswald Mykonius in Basel entgegen, dass er den Verweis auf Mose und David nicht gelten lasse. Zwar hätten «die frommen Könige … die eingerichtete Ordnung mit ihrer Macht geschützt, wie es sich geziemte, der Kirche aber ihre Gerichtsbarkeit und den Priestern ihre ihnen von Gott gegebene Stellung belassen» (CO 11,379; Schwarz 1,217 f.). Der Schlusssatz, den die Vertreter des Magistrats den Regelungen zur Kirchenzucht in den *Ordonnances ecclésiastiques* hinzufügten, war mit Calvins Position durchaus vereinbar:

Und all dies soll in der Weise geschehen, dass die Pfarrer keine zivile Jurisdiktion besitzen und nur das geistliche Schwert des Wortes Gottes handhaben, wie Sankt Paul ihnen befiehlt, und das Konsistorium der Machtbefugnis des Rates und der ordentlichen Justiz keinerlei Abbruch tut, dass vielmehr die Zivilgewalt in vollem Umfang bestehen bleibe. (CO 10/1,30; vgl. CStA 2,273, Zl. 27–36)

Zu betonen ist, dass zwischen Calvin und den Inhabern der weltlichen Gewalt nicht der Anspruch, das Leben der Bürger

umfassend zu reglementieren, umstritten war. Das Ziel einer
Ordnung des Gemeinwesens, die – ganz anders als heute – auch
die privatesten Bereiche sittlicher Lebensgestaltung umfasste
und die man «gute Policey» nannte, war ein wichtiger Antrieb
bei der Entwicklung des modernen Staates. Alle Reformatoren
haben die eigene Würde des Amts der weltlichen Obrigkeit betont und so einen wichtigen Beitrag zu dieser Entwicklung ge-
leistet. Die besondere Leistung des Genfer Reformators aber lag
darin, dass er die Ansätze Oekolampads und Bucers fortführte
und die Gefahr einer Ausweitung der Aufgaben der weltlichen
Gewalt im geistlichen Regiment zu begrenzen suchte. Seine
Theologie wirkte so auch dort impulsgebend, wo die Reformation im Konflikt mit einer feindlich gesinnten weltlichen Obrigkeit umgesetzt werden musste. Calvins Lehren halfen nicht nur
in Konstellationen der Nähe von geistlichem und weltlichem
Regiment weiter, sondern auch in den Situationen der Verfolgung, in denen die Glaubensbrüder in der französischen Heimat, den spanischen Niederlanden und weit darüber hinaus ihr
kirchliches Leben aufbauen mussten.

Neben der Kirchenzucht boten die *Ordonnances ecclésiastiques* auch Regelungen zur Bewahrung der Einheit und Reinheit
der Lehre unter den Pastoren. In der durchaus labilen und von
verschiedenen Seiten bedrohten Lage der Genfer Reformation
sah Calvin dies als überlebenswichtig an. Jeden Freitag sollten
sich die Pfarrer versammeln, um einen Bibeltext auszulegen und
darüber zu sprechen. Später wurde aus der «Congrégation» genannten Einrichtung eine öffentliche Predigt und eine anschlie-
ßende Besprechung im Kreis der «Venerable Compagnie des
Pasteurs». Alle drei Monate sollten sich die Pfarrer zudem einer
gegenseitigen Beurteilung ihres moralischen Verhaltens stellen.
Diese «Censura morum» erregte sofort den Verdacht auf Seiten
des Magistrats, dass sich die Pfarrer wieder – wie ehemals die
katholischen Priester gemäß den päpstlichen Gesetzen – der
weltlichen Gesetzgebung entziehen wollten.

Neben der Kirchenzucht und der Sorge für die rechte und
einige Lehre war der dritte, Calvin besonders wichtige Bereich
der Neugestaltung in den Jahren nach 1541 die Unterweisung

der Kinder und Jugendlichen.
In aller Eile verfasste er 1541/42
einen neuen Katechismus, der
noch vor der endgültigen Fer-
tigstellung in den Druck zu gehen begann. Denn Calvin wollte,
wie er in seiner Abschiedsrede
an die Genfer Pfarrer vom
28. April 1564 betonte, seine
Arbeit in der Stadt nicht wieder
aufnehmen, ohne dass die Ver-
pflichtung der Bürger auf Kirchenordnung und Katechismus
selbstverständlicher Ausgangspunkt war (vgl. CO 9, 894;

2   Johannes Calvin
(in E. Doumergue, Iconographie
Calvinienne, 1909)

CStA 2,301, Zl. 8–18). Die lutherische Reihenfolge von Gesetz
und Evangelium, die noch die *Institutio* von 1536 und den Katechismus von 1537 bestimmt hatte, ist in dem neuen Katechismus
von 1542 aufgegeben. Die Zehn Gebote werden jetzt im Anschluss an das Glaubensbekenntnis ausgelegt und damit das Gesetz im Sinne des dritten Gebrauches («in den Wiedergeborenen»)
im Rahmen der Heiligung behandelt (siehe unten Seite 107). Der
nun in Frage- und Antwort-Form abgefasste Katechismus zeigt
den Einfluss von Bucers Straßburger Katechismus von 1534 und
spiegelt wie die *Institutio* von 1539 die durch Bucer bewirkten
Veränderungen in Calvins Theologie wider. In der französischsprachigen Welt wurde der Genfer Katechismus von 1542 zum
wichtigsten Katechismus. Seine Übersetzung ins Lateinische von
1545 wirkte weit darüber hinaus, unter anderem auch auf den
Heidelberger Katechismus von 1563, der später zum weltweit
bedeutendsten Katechismus im reformierten Bereich wurde.

Bezeichnend für die Hochschätzung, die Calvin von Seiten des
Rates genoss, ist, dass er auch für Gestaltungsaufgaben herange-
zogen wurde, die weit über den kirchlichen Bereich hinaus reich-
ten. Man wusste um seine herausragende juristische Ausbildung
und vertraute ihm im Zuge der Neuordnung der Kompetenzen
der verschiedenen Räte und der Neugestaltung der Gesetzge-

bung von 1542 die Abfassung bzw. Redaktion von Gesetzestexten an. Dabei ging es jedoch nicht um grundlegende Neukonzeptionen, sondern vor allem um die juristisch unanfechtbare Fassung von Detailregelungen wie den Amtspflichten des Ausrufers oder den im Falle eines Brandes zu beachtenden Vorschriften.

10. Streit um die Praxis der Kirchenzucht (1543–1555)

Trotz der unterschiedlichen Auffassungen über die Kompetenzen von Pfarrern und weltlichem Regiment gab es auf beiden Seiten den Willen, konstruktiv zusammenzuarbeiten. Dies lag nicht zuletzt in der schwierigen außenpolitischen Situation begründet. Durch die Auseinandersetzungen mit Bern hatte man den wichtigsten Bündnispartner verloren, sah sich aber weiter den Machtansprüchen des Herzogs von Savoyen ausgesetzt. So war es unumgänglich, die Bern nahe stehenden Gegner Calvins wieder zu integrieren bzw. nach Genf zurückzuholen. Calvins Stellung war nach der Rückkehr 1541 zwar gestärkt, aber es folgten nun fast fünfzehn Jahre eines immer wieder eskalierenden Ringens zwischen Calvin und den Pfarrern einerseits und mehr oder weniger großen Teilen des Magistrats andererseits. Erst nach den Klärungen des Jahres 1555 war Calvins Stellung in Genf unangefochten. Zuvor befand er sich vielfach in der Rolle des um seine Autorität und mitunter sogar sein Verbleiben kämpfenden Fremden bzw. Flüchtlings. Das populäre Bild Calvins als eines geistlichen Diktators verstellt den Blick auf diese Realität.

Die Auseinandersetzungen entzündeten sich immer wieder an der Weigerung führender Genfer, sich den vom Konsistorium bzw. den Pfarrern verhängten Zuchtmaßnahmen zu unterwerfen, oder auch an der offenen Kritik an dem entsprechenden Anspruch der Pfarrer. Verstärkt wurden die auch andernorts bekannten Kompetenzstreitigkeiten zwischen Reformatoren und Magistrat zum einen durch Calvins theologische Grundentscheidungen. Denn der Erfahrungshorizont der verfolgten Protestanten in Frankreich machte es ihm in stärkerem Maße als anderen Reformatoren unmöglich, die Verantwortung für die Kirchenordnung und den christlichen Lebenswandel weltlichen Instanzen zu überlassen. Zum anderen war die selbstbewusste, alteingesessene Genfer Seigneurie nicht bereit, nach der erfolgreichen Vertreibung des Bischofs den Zugewinn an staatlicher Kompetenz wieder preiszugeben. Verschärfend wirkten zudem zwei weitere Faktoren.

Man kommt nicht umhin, hier Calvins Persönlichkeit zu nennen. Er verfügte über einen außergewöhnlichen Gestaltungswillen und konnte Widerspruch nur schwer oder gar nicht ertragen. Insofern verfolgte er seine Ziele mit unerbittlicher Konsequenz, auch wenn er sich selbst als furchtsam und schüchtern wahrgenommen hat. Er sah sich als Werkzeug Gottes, das nicht in eigener Verantwortung, sondern im Auftrag handelte. Darum waren Kompromisse per se problematisch. Dem Willen zur Gestaltung entsprachen im Falle Calvins außergewöhnliche Fähigkeiten. Er verfügte über ein ausgezeichnetes Gedächtnis, eine hervorragende Schulung als Jurist und eine theologische Kenntnis und Argumentationsfähigkeit, die ihn schon früh berühmt gemacht und zum Beispiel bei den Religionsgesprächen 1540/41 sogleich als unabdingbaren Mitstreiter qualifiziert hatten. Diesen Fähigkeiten hatten die Gegner nur wenig Entsprechendes entgegenzusetzen, auch wenn sie im Besitz der Macht waren.

Schließlich erhielten die Auseinandersetzungen zusätzliche Dynamik und Dramatik durch den immer stärker anwachsenden Zustrom von Glaubensflüchtlingen. Schon in den dreißiger Jahren hatte Genf eine relativ große Zahl mittelloser Flüchtlinge zu versorgen. Für den Zeitraum von Oktober 1538 bis Oktober 1539 ist zum Beispiel belegt, dass das Genfer Hospital mehr als 10000 bedürftige Fremde zumindest mit dem Notwendigsten versorgte, bevor man sie mehrheitlich zur Weiterreise zu bewegen suchte. Als im Dezember 1542 die Pest ausbrach und sich die Lage im Sommer 1543 rapide verschlimmerte, wurden die Maßnahmen schon aus hygienischen Gründen deutlich restriktiver. Nach 1546 änderte sich der Umgang mit den Flüchtlingen.

Zunehmend wurden jetzt kritische oder feindliche Stimmen laut. Zum einen erlebten die Einheimischen die stark angestiegene Zahl der Flüchtlinge, die zum Ausgleich der Bevölkerungsverluste durch die Pestepidemie das Neubürgerrecht erhielten, als bedrohlich. Noch ausschlaggebender war, dass es Calvin in den Jahren 1541 bis 1546 gelungen war, in Genf eine gut ausgebildete und zusammenwirkende Gruppe von Pfarrern zu etablieren, die fast ausschließlich aus französischen Glaubensflüchtlingen bestand. Ihr entschiedenes und selbstbewusstes Auftreten auf der Kanzel, im Konsistorium oder vor dem Kleinen Rat rief erhebliche Abneigung bei den alteingesessenen Genfer Familien hervor.

Schließlich bewirkten die politischen Veränderungen im Reich und in Europa seit 1546/47 neue Bedrohungen und neue Flüchtlingswellen. Der Kaiser hatte im April 1547 die Protestanten im Reich vernichtend geschlagen und ging nun mit ungehinderter Gewalt gegen die protestantischen Territorien und Reichsstädte vor, die sich nicht dem von ihm diktierten Augsburger Interim unterwerfen wollten. Die Nachrichten von vorbeiziehenden spanischen Truppen, der Sammlung von Truppen durch den Papst oder der Schleifung der belagerten evangelischen Reichsstadt Konstanz lösten in Genf geradezu Panik aus. Ebenso ängstlich starrte man auf die Entwicklungen in Frankreich. Denn mit dem Herrschaftsantritt Heinrichs II., des Sohnes Franz' I., kündigte sich auch dort ein härteres Vorgehen gegen die Protestanten und gegen die diese unterstützende Stadt Genf an. Angesichts dessen und wachsender Flüchtlingsströme wurden hier wiederum die in der Stadt lebenden Ausländer verstärkt als Risiko angesehen.

Seit dem Jahre 1549 kamen aus Frankreich zunehmend wohlhabende, zum Teil adlige Flüchtlinge, die auch ökonomisch eine Konkurrenz bedeuteten. Im Jahre 1550 lebten in Genf 13 000 Einwohner mit oder ohne Bürgerrecht, jährlich kamen ungefähr fünf Prozent hinzu, sodass es 1560 bereits 21 000 Menschen waren. Nicht zuletzt weil die Stadt die Gebühren als Einnahmequelle benötigte, erhielten zwischen 1535 und 1554 durchschnittlich 23 französische Flüchtlinge jährlich das Bürgerrecht. In den Jahren 1555 bis 1557, mit dem Sieg der Calvin-

Unterstützer im Kleinen Rat, stieg die Zahl auf ungefähr 120 pro Jahr steil an. Das kontinuierliche Anwachsen der Zahl der Neubürger, die nun auch im Großen Rat, im Rat der Sechzig und im Konsistorium vertreten waren, wurde heftig diskutiert. Calvin hat in einem Brief an Bullinger im Juli 1555 selbst offen zum Ausdruck gebracht, dass die deutlich vermehrte Zahl der Neubürger die Unterstützung für sein Werk verbessern werde. In praktisch allen Auseinandersetzungen, die Calvin seit 1546 mit der Genfer Seigneurie oder einzelnen alteingesessenen Genfern führte, wurde nun die Rede von den Franzosen laut, die ihre Kompetenzen überschreiten und sich ungebührliche Herrschaftsgewalt anmaßen würden. Einer der Gegner Calvins, der wegen Aufruhrs im Mai 1555 hingerichtete François-Daniel Berthelier, selbst Sohn eines im Kampf gegen den Herzog von Savoyen Gefallenen, sagte vor seinem Tod: «Adieu Genf, am Ende wird der König von Frankreich Bürger dieser Stadt sein» (zitiert in: Naphy 1994, 139).

William Naphys Studien haben vor einigen Jahren belegen können, dass es einen unmittelbaren Zusammenhang zwischen dem Maß an außen- oder innenpolitischer Bedrohung und der Intensität der Konflikte zwischen Calvin bzw. seinen Anhängern und den Angehörigen des Magistrats oder der alteingesessenen Genfer Familien gab. Die gefährliche außenpolitische Lage führte in den Jahren nach 1541 erst einmal zu verstärkter Kooperation. Man suchte die innere Konfusion zu überwinden und den Konflikt mit Bern zu lösen. In ähnlicher Weise wirkte sich die schlimme Pestepidemie der Jahre 1543 bis 1545 aus. Als diese Bedrohung vorüber war, begannen aber sogleich die Konflikte auszubrechen.

Am 26. Januar 1546 griff ein angesehenes Mitglied des Kleinen Rats, Pierre Ameaux, Calvin scharf an. Als Spielkartenhersteller hatten ihn die religiösen Veränderungen wirtschaftlich ruiniert, aber die dafür verantwortlichen Edikte des Magistrats waren schon vor Calvins Ankunft erlassen worden. Ameaux' Abneigung gegen Calvin war wohl eher die Folge eines Ehescheidungsverfahrens, in dem seine Frau Benoîte des Ehebruchs angeklagt war, Calvin das Ehepaar aber zur Versöhnung genö-

tigt hatte. Erst nach einem weiteren Jahr konnte Ameaux die
Scheidung erlangen, nachdem seine Frau erneut wegen Ehebruchs in Haft genommen worden war. Im Anschluss an ein
Abendessen in seinem Haus, bei dem reichlich Wein floss, warf
er Calvin falsche Lehre, persönliche Defizite und einen Macht-
willen vor, der dazu geführt habe, dass die Stadt von «den Franzosen» regiert werde. Mit Letzterem nahm er wohl Bezug darauf, dass Calvin wenige Monate zuvor verhindert hatte, dass
der aus Genf stammende Mönch Jean Trolliet als Pfarrer angestellt wurde. Dieser hatte sein Kloster in Burgund verlassen und
war in seine Heimatstadt zurückgekehrt, um dort Pfarrer zu
werden.

Nach längeren Diskussionen und erheblichem Druck von Seiten Calvins und der Pfarrer beschloss der Kleine Rat, Ameaux,
der viel Unterstützung aus der Bevölkerung erhalten hatte, zur
Buße und Entschuldigung zu verpflichten. Ameaux musste, nur
mit einem Hemd bekleidet und eine Fackel in der Hand haltend,
einen Rundgang durch die Stadt machen und Gott, Calvin und
den Magistrat um Vergebung bitten. Diese überaus demüti-
gende Behandlung eines angesehenen Bürgers löste Unruhen in
der Bevölkerung aus, sodass vor der Kirche St. Gervais als Warnung ein Galgen aufgerichtet wurde. Natürlich war die Folge
einer solchen Politik ein weiteres Anwachsen der Ressentiments
gegen die «französischen» Pfarrer.

Ebenfalls im ersten Viertel des Jahres 1546 begannen nun
dauernde Konflikte zwischen Calvin bzw. den Pfarrern und der
einflussreichen Favre-Familie. Im Januar ermahnte das Konsistorium Françoise Favre, die Ehefrau Ami Perrins, und dessen
Mutter, Pernette Grant, wegen ihrer dauernden Streitereien.
Perrins Schwiegervater, François Favre, geriet in den Verdacht
der Unzucht, weigerte sich aber, vor dem Konsistorium zu erscheinen. Als er schließlich doch kam, kritisierte er den ungehö-
rigen Jurisdiktionsanspruch des Konsistoriums. In der folgenden
Sitzung am 4. März 1546 äußerte sich auch der wegen Unge-
horsams und losen Redens vorgeladene Sohn Gaspard ähnlich.
Sein Vater sei von den «fremden Pfarrern» in arroganter Weise
behandelt worden. Als Calvin ihn zur Rede stellte, meinte er,

dass er sich nur vor dem Bürgermeister und den Herren, die Bürger der Stadt und Mitglieder des Rates seien, nicht aber vor den Pfarrern verantworten wolle.

Am 26. März 1546 feierte Antoine Lect, ein früheres Mitglied des Kleinen Rates, die Hochzeit seiner Tochter Jeanne mit Claude Philippe, dem Sohn des hingerichteten «Artikulanten» Jean Philippe. Bei diesem Fest tanzten die Gäste trotz des herrschenden Verbotes. Ein paar Tage später wurden einige der Teilnehmer deswegen verhaftet. Sie sprachen sich aber dergestalt ab, dass der Sachverhalt des Tanzes überhaupt geleugnet wurde. Daraufhin griff Calvin die Genfer in einer Predigt heftig an, beschimpfte sie als «Tiere» und nannte die Tänzer Strolche und Gauner. Die Zuhörer reagierten mit Protestbekundungen, und als Aimé Alliod, ein Mitglied des Großen Rates, aufstand und Calvins Äußerungen zurückwies, endete der Gottesdienst im Tumult.

Im April 1546 kam es zum nächsten Konflikt. Gaspard Favre und einige andere junge Leute hatten während des Osterfestgottesdienstes im Garten eines Gasthauses gekegelt. Nach erheblichem Druck von Seiten der Pfarrer wurde die Schließung der Gasthäuser dekretiert. Stattdessen sollten «Abteien» geöffnet werden, in denen man in Gemeinschaft die Bibel lesen und sich geistlichen Übungen hingeben konnte. Das neue Angebot fand offensichtlich nur sehr begrenzt Anklang, und einen Monat später musste man die Erlaubnis geben, die Gasthäuser wieder zu öffnen.

Ein paar Wochen später erfolgte wieder ein schwerer Zusammenstoß. Im April genehmigte der Kleine Rat mit Calvins Zustimmung die Aufführung eines auf der Apostelgeschichte basierenden Theaterstücks. Eine Woche vor der geplanten Aufführung, am 28. Juni 1546, setzte der Pfarrer Michael Cop in einer Predigt die als Schauspieler Mitwirkenden mit Dirnen gleich. Die Reaktion der Predigthörer war so heftig, dass Cop in der Gefahr stand, von der Kanzel gestoßen und verprügelt zu werden. Selbst Calvin fürchtete um sein Leben.

Schließlich begann im Sommer 1546 ein Konflikt, dessen Bedeutung lange unterschätzt und erst durch die Forschungen

William Naphys herausgearbeitet worden ist: der Streit um die Namensgebung bei der Taufe. Am 30. August 1546 ersuchte Calvin den Kleinen Rat, einen Beschluss über die Namen zu fassen, die bei der Taufe gegeben werden durften. Vorangegangen war der Konflikt eines Pfarrers mit dem Friseur Ami Chappuis, der sein Kind Claude nennen wollte. Am Taufstein hatte der Pfarrer das Kind jedoch ohne Vorwarnung auf den Namen «Abraham» getauft. Daraufhin protestierte Chappuis empört beim Rat. Calvin und die übrigen Pfarrer beantragten, dass eine Liste verbotener Namen, die an Heilige der Genfer Vergangenheit erinnerten, erstellt würde, um eine Fortdauer oder ein Wiederaufleben der Heiligenverehrung zu verhindern. Stattdessen sollten biblische Namen gewählt werden. Der Rat reagierte mit Verzögerungstaktik, konnte jedoch die Liste nicht verhindern. In der Folge kam es immer wieder zu Konflikten in dieser Sache, die zu großer Verbitterung führten. Nicht wenige Genfer reagierten außerordentlich erbost darauf, dass die französischen Pfarrer nun auch noch in intimste Familienangelegenheiten eingriffen und ihnen die althergebrachten Namen verboten.

Angesichts der Bedrohung, die seit dem Sommer 1546 von dem beginnenden Schmalkaldischen Krieg ausging, entspannten sich die Auseinandersetzungen nun erst einmal. Ein Jahr später begann im Juni 1547 der nächste schwere Konflikt aufzubrechen. Jacques Gruet, einer der Tanzenden, die nach der Hochzeit der Tochter Antoine Lects am 26. März 1546 verhaftet worden waren, brachte seinen Ärger über die Herrschaft der französischen Pfarrer auf ganz besondere Weise zum Ausdruck. Der ehemalige Mönch heftete am 27. Juni 1547 einen Zettel mit wüsten Drohungen gegen die Pfarrer an die Kanzel der Hauptkirche St. Pierre. Bei den folgenden Verhören stellte er Calvin als französischen Agenten dar und formulierte einige unorthodoxe religiöse Ansichten. Unter Folter sagte er François und Jean Favre ebenfalls Calvin-feindliche Äußerungen nach. Auch aufgrund kompromittierender Papiere, die man in seiner Wohnung fand, wurde Gruet am 26. Juli 1547 hingerichtet.

In der bedrohlichen Situation nach dem verlorenen Schmalkaldischen Krieg kam es dann zu Verdächtigungen konspirativer Zusammenarbeit mit ausländischen Mächten. Am 22. September 1547 wurde François Favres Schwiegersohn, Ami Perrin, verhaftet, der anfangs zu den Unterstützern Calvins zählte und später einer seiner entschiedenen Gegner wurde. Bald fiel ein ähnlicher Verdacht auf Laurent Meigret, einen französischen Flüchtling. Der Berner Botschafter suchte die Unschuld Perrins zu belegen, die Pfarrer die ihres Landsmannes. Der Rat fand schließlich einen Kompromiss. Angesichts der erneut verstärkten Bedrohung durch den Kaiser und seine Truppen wurde Perrin am 21. August 1548 als Generalkapitän wieder eingesetzt.

Erst Ende Juli 1549, als die Gefahr vorüber war, kam es im Anschluss an eine Predigt Calvins zu erneuten Protesten. Es dauerte nicht lange, bis die Konflikte eskalierten. Wieder ging es um die als Bedrohung empfundene Zunahme des Einflusses «der Franzosen» in der Stadt. Vor den Wahlen des Jahres 1551 versuchte der allein aus alteingesessenen Genfern bestehende Kleine Rat, das Wahlrecht der Neubürger zu beschränken. Sie sollten in den ersten 25 Jahren nach Erlangen des Bürgerrechts nicht wählen können. Die emotionalisierte Debatte darüber vermischte sich mit weiteren Streitfällen. Philibert Berthelier und andere protestierten gegen das Gebaren der «französischen» Pfarrer. Bei den Wahlen Anfang 1552 gewannen die Calvin-Gegner deutlich Stimmen hinzu. Der wegen verschiedener Vergehen exkommunizierte Berthelier wurde in eine führende Stellung in der Justiz gewählt. Gesetzgebungsvorschläge der Pfarrer wies man mit scharfen Worten als Versuch «der Franzosen und des Jean Calvin, uns zu beherrschen,» zurück. Der von Calvin 1545 am Zugang zum Pfarramt gehinderte und jetzt als eine Art Notar für den Magistrat tätige Trolliet machte einen Brief Calvins publik, in dem dieser den Rat heftig kritisiert hatte. Calvin hatte Mühe, sich zu rechtfertigen.

Im Jahre 1553 eskalierten die Auseinandersetzungen weiter. Der vom Konsistorium exkommunizierte Philibert Berthelier weigerte sich, die Zuständigkeit dieser Instanz anzuerkennen, und appellierte an den Kleinen Rat. Dieser sprach ihm das Recht zu, am Abendmahl teilzunehmen. Calvin teilte daraufhin mit, dass er sich dem Beschluss widersetzen werde. Am Sonntag, dem 3. September 1553, legte Calvin die Grundsätze einer in seinem Sinne angemessenen Kirchenzucht dar. Seinem Freund Viret schrieb er: «Ich habe geschworen, lieber den Tod zu erleiden, als das heilige Abendmahl des Herrn so schändlich zu entweihen» (CO 14,606; Schwarz 3,653 f.). Die dramatische Zuspitzung vorhersehend, hatte der Rat aber insgeheim beschlossen, Berthelier aufzufordern, freiwillig nicht am Abendmahl teilzunehmen. Calvin selbst hatte sich bereits auf seine zweite Vertreibung aus Genf vorbereitet.

Am folgenden Tag gab es im Beisein Calvins im Kleinen Rat eine Diskussion über die Bestimmungen zur Frage, wem das Recht zukomme, die Exkommunikation zu vollziehen. Wieder einen Tag später erhielt Calvin Unterstützung durch die anderen Pfarrer, die bekundeten, Tod oder Verbannung der Entheiligung des Sakraments vorzuziehen. Dabei blieb es erst einmal. Am 20. März 1554 ließ eine Äußerung Bertheliers die Diskussion erneut aufflammen, sodass der Kleine Rat Gutachten der anderen schweizerischen Kirchen über die Handhabung der Kirchenzucht einholte. Weder Zürich noch Bern unterstützten Calvins Position, dass die Entscheidung nicht bei der weltlichen Obrigkeit, sondern beim Konsistorium als einem kirchlichen Gremium liege. Bern antwortete, man kenne überhaupt keine Exkommunikation. Basel hielt sich bedeckt und übersandte lediglich die eigenen Regelungen. Calvin drängte auf eine Entscheidung, und schließlich wurde Berthelier aufgefordert, sich mit dem Konsistorium zu versöhnen. Am 24. Januar 1555 verkündeten der Große Rat und der Rat der Sechzig, dass man sich an die alten Beschlüsse halten solle. Der erste Bürgermeister unterstrich die Kompetenz des Konsistoriums. Calvin konnte am 24. Februar 1555 an Bullinger schreiben: «Neulich ist uns endlich nach langen Kämpfen das Recht des Kirchenbanns bestätigt worden» (CO 15,449; Schwarz 3,757).

Eine wichtige Voraussetzung des Umschwungs zu Gunsten Calvins und seiner Anhänger im Jahre 1555 waren mehrere Aufsehen erregende «Kriminalfälle», die die Sicht Calvins und der Pastoren, dass sich in Genf Unordnung und Unmoral ausbreiteten, zu bestätigen schienen. Drei Fälle von Sodomie (das bedeutete: Homosexualität) wurden im Jahre 1554 verhandelt. Der erste endete im März mit der sofortigen Hinrichtung von fünf Angeklagten. Ein zweiter Fall endete wegen des jugendlichen Alters der Delinquenten mit der Verbrennung ihrer Bildnisse zur Warnung. Vor diesem Hintergrund gewann die Botschaft der Pastoren und ihrer Unterstützer an Attraktivität. Die Perrinisten, wie die Gegner Calvins jetzt nach Ami Perrin genannt wurden, erlitten deutliche Verluste bei den Wahlen des Jahres 1555. In dieser Situation erfolgte nun die bereits erwähnte, deutlich verstärkte Zulassung von Neubürgern, um die Position der Calvin-Anhänger zu stärken. Begründet wurden die im April und Mai beginnenden, vermehrten Neuzulassungen mit dem finanziellen Bedarf aufgrund der Schulden Genfs bei der Stadt Basel.

Am Abend des 16. Mai kam es im Anschluss an ein Essen zu einem Umzug von Perrinisten, der wohl nicht zuletzt aufgrund des Alkoholkonsums aus dem Ruder geriet. Die hier unorganisiert und eher chaotisch vorgetragenen Protestbekundungen wurden als Aufruhr wahrgenommen und führten zu Verhaftungen. Perrin, der im Gewühl wohl auch mit dem Bürgermeister aneinandergeraten war, musste fliehen. Am 24. Mai 1555 ist er allerdings noch als Teilnehmer der Sitzung des Kleinen Rates erwähnt. In Abwesenheit wurde Perrin mit anderen zum Tode verurteilt, vier Teilnehmer des Volksauflaufs vom 16. Mai wurden hingerichtet.

Die Genfer Auseinandersetzungen der Jahre 1546 bis 1555 sind bisher zumeist aus der Perspektive Calvins geschildert worden. Er sah im Grunde immer den Unwillen einiger alteingesessener Genfer und ihrer Familien, sich dem Wort Gottes zu unterstellen und eine entsprechende Lebensführung zu akzeptieren. Auch die Vorzugsbehandlung bei der Bestrafung, wenn sich angesehene Bürger offensichtlicher Vergehen schuldig gemacht hatten, war Calvin ein Dorn im Auge. Vielfach hat er seine Kritik an der Unmoral und Zuchtlosigkeit, die in seinen Augen in Genf herrschten, zum Ausdruck gebracht. Das geschah auch auf der Kanzel mitunter in so heftiger Weise, dass er unmittelbaren Protest hervorrief oder auch eine offizielle Rüge des

Kleinen Rates erntete. Der Kampf gegen diejenigen, die vermeintlich zuchtlos und unordentlich lebten, das Joch Christi nicht auf sich nehmen wollten und von ihm «Libertiner» genannt wurden, zieht sich durch Calvins Werk. Untersucht man dagegen die Protokolle des Genfer Konsistoriums, kann man Calvins Sicht der Dinge nicht bestätigt finden. Die Notizen belegen keineswegs ein Überhandnehmen von sexueller Freizügigkeit, luxuriösem Gebaren, Glücksspiel, Trunkenheit oder ähnlichen Formen der Zügellosigkeit. Vielmehr handelt es sich bei der überwiegenden Zahl der verhandelten Fälle um Streitfälle zwischen Bewohnern der Stadt oder Eheleuten und um den Rückfall in vorreformatorische, römisch-katholische Praktiken. Vor allem aber ist kein signifikanter Unterschied zwischen dem Vorgehen des Konsistoriums gegen Delikte und den Strafen der weltlichen Gerichte, die auch von den Gegnern Calvins verantwortet wurden, festzustellen (vgl. Naphy 1994, 106–111).

Die insgesamt anwachsende Zahl der vor dem Konsistorium verhandelten Fälle ist am besten dadurch zu erklären, dass die Verfahrensabläufe im Laufe der Zeit immer besser eingespielt waren. Ein erheblicher Teil der Streitfälle zwischen Genfer Bürgern und Calvin bzw. den Pfarrern hat sich nur darum zu wirklich heftigen Konflikten ausgewachsen, weil das unnachgiebige und mitunter überhebliche Verhalten der Pfarrer Ärger und Empörung auslöste. Diese wiederum hatten wie Calvin selbst als Flüchtlinge den Überlebenskampf der Glaubensbrüder in der französischen Heimat vor Augen und waren schon von daher kaum auf Kompromisse ausgerichtet.

Calvin hat seinen Weg in all den Kämpfen nicht wirklich infrage gestellt. Er konnte sich zwar kritisch beurteilen, wenn er seiner Meinung nach zu furchtsam und kompromissbereit agiert oder zu heftig und unbeherrscht reagiert hatte. Das änderte nichts an der tiefen Überzeugung von der Richtigkeit und Notwendigkeit des aufreibenden Weges. Sie lag nur zum Teil in Erfahrungen von Verfolgung oder rationalen Einschätzungen der Bedrohung der Reformation begründet. Calvin lebte mit den Texten der Bibel, hatte sie fast ununterbrochen auf der Kanzel und dem Lehrstuhl auszulegen. So fand er die Deutung seines

Weges in den alttestamentlichen Erzählungen von Mose und dem Volk Israel. Immer wieder ist hier von dem Murren, den Rückfällen und den Irrwegen des Volkes Israel bis hin zum Tanz um das Goldene Kalb die Rede. Und immer wieder berichten die Texte von den Infragestellungen Moses, die ihn doch nicht am Auftrag Gottes irrewerden ließen. Calvin fand hier die Deutung seines Lebens und entschiedene geistige und geistliche Unterstützung. Die Kompromisslosigkeit, mit der Calvin seinen Weg gegangen ist, lässt sich ohne diese Wirkungsgeschichte der alttestamentlichen Texte nicht angemessen verstehen.

11. Einheit und Reinheit der Lehre!
Kampf um die reformatorischen Errungenschaften

Die kontinuierlichen Konflikte um die Kirchenzucht stellen nur einen Teil der Auseinandersetzungen dar, die Calvins Wirken als Reformator kennzeichnen. Unaufhörlich rang er um die Reinheit und Einheit der Lehre, hier zumeist in voller Übereinstimmung mit dem Genfer Magistrat. Calvins umfangreiches kontroverstheologisches Schrifttum richtete sich zuerst gegen Vertreter der römisch-katholischen Kirche. Neben der Schrift gegen Kardinal Sadolet (1539) hat er auch teilweise umfangreiche Werke gegen den Utrechter Propst Albertus Pighius (1542), die Theologen der Sorbonne (1544) sowie das Konzil von Trient (1547) und das Augsburger Interim (1548) verfasst. Anfangs hat er sich auch gegen die sog. Nikodemiten, die ihre reformerische Gesinnung nicht öffentlich kundtun wollten, und am Ende noch gegen einzelne Schüler Luthers gewandt. Ebenso hat er Schriften gegen die Täufer (*De psychopannychia/Über den Seelenschlaf*, 1533/1542, und *Briève instruction … contre les … anabaptistes*, 1544), gegen Vertreter einer spiritualistischen Freigeisterei (1545), Anhänger der Astrologie (1549) sowie gegen alle möglichen anderen Anhänger von Aberglauben oder Widersacher der Reformation zum Druck gebracht.

Pierre Caroli (1537/1545).   Mit besonderer Entschiedenheit hat
Calvin die Auseinandersetzungen geführt, in denen es um die
Einheit und Reinheit der Lehre in Genf selbst ging oder seine
eigene Rechtgläubigkeit zur Debatte stand. Schon während
des ersten Aufenthalts in Genf war es im Jahre 1537 zu einer
Infragestellung seiner Rechtgläubigkeit und entsprechenden
Rechtfertigungsversuchen gekommen. In Lausanne hatte sich
während einer Abwesenheit des Reformators Pierre Viret der
Pfarrer Pierre Caroli, Doktor der Theologischen Fakultät der
Universität Paris, zu profilieren versucht. Wegen der katholisch
erscheinenden Auffassung, dass man für die Verstorbenen beten
solle, war er zurechtgewiesen worden. Nun wehrte er sich gegen
Viret, Farel und Calvin mit dem Vorwurf, sie würden die alt-
kirchliche Trinitätslehre leugnen, und begründete dies unter anderem damit, dass diese im Genfer Glaubensbekenntnis gar
nicht erwähnt sei. Der Vorwurf war insofern schwerwiegend,
als die Leugnung der Trinität nach Reichsrecht mit dem Tod zu
bestrafen war. In seiner Verteidigung führte Calvin aus, dass er
von Gott allein mit den Worten, die dieser selbst in der Heiligen
Schrift offenbart habe, spreche. Nicht einmal die altkirchlichen
Bekenntnisse wollte er zum Beweis seiner Rechtgläubigkeit un-
terzeichnen. Während des Straßburger Aufenthalts traf Calvin
Caroli wieder und hörte von seinem Vorwurf, dass Calvin an
Carolis zwischenzeitlicher Rekonversion zur römisch-katholischen Kirche schuld gewesen sei. Calvin reagierte ausgesprochen erregt – auch nach seiner eigenen Auffassung zu unbeherrscht – auf diese haltlosen Anschuldigungen. Im Jahre 1545
schrieb er noch einmal eine Darstellung seiner Sicht der Dinge
und griff Caroli auch wegen dessen wankelmütigen Charakters
an (CO 7,311–325; CStA 1/1,230–261).

Sebastian Castellio (1543/44).   Zwei Jahre nach Calvins Rückkehr nach Genf entzündete sich eine Kontroverse mit dem Rektor des Genfer Gymnasiums, Sebastian Castellio. Calvin hatte
ihn in Straßburg als fähigen Philologen und Humanisten kennengelernt und nach Genf geholt. Als dieser im Jahre 1543 unter anderem aus finanziellen Gründen ins Pfarramt wechseln

wollte, führte Calvin das nach den Bestimmungen von 1541 vorgesehene Gespräch mit ihm. Dabei stellte Castellio die Kanonizität des Hohen Liedes im Alten Testament infrage. Es sei ein erotisches Liebesgedicht, das Salomo in seiner Jugend verfasst habe, und gehöre demzufolge nicht in den biblischen Kanon. Ferner wandte sich Castellio gegen Calvins Auslegung der im apostolischen Glaubensbekenntnis ausgedrückten Höllenfahrt Christi. Calvin hatte den Ausdruck «niedergefahren zur Hölle» im Genfer Katechismus als höchste Gewissensnot Christi am Kreuz und nicht als Predigt Christi in der Totenwelt interpretiert. Im Blick auf diese Frage konnte Calvin durchaus unterschiedliche Interpretationen zulassen. Die Kanonizität der Bibel durfte aber nicht infrage gestellt werden. So verweigerten Calvin und die Genfer Pfarrer die Anstellung, und Castellio wurde mit einem freundlichen Empfehlungsschreiben aus Genf entlassen. Zehn Jahre später sollte Castellio, inzwischen Professor in Basel, erbittert die Genfer Intoleranz anklagen.

Hieronymus Bolsec (1551).   Im Jahr 1551 kam es zu einem Prozess gegen den Arzt Hieronymus Bolsec, der sich im Frühjahr 1551 in Veigy nahe Genf niedergelassen hatte. Am 16. Oktober 1551 griff dieser während der Congrégation, der wöchentlichen, öffentlich zugänglichen Bibelauslegung der Pfarrer, Calvins Lehre von der göttlichen Prädestination mit scharfen Worten an. Wer wie Calvin lehre, mache Gott zum Urheber der Sünde und Tyrannen. Calvin könne sich mitnichten auf Augustin berufen. Im Anschluss an Bolsecs Rede ergriff Calvin das Wort und widersprach in ebenso entschiedener Weise. Bolsec hatte nicht nur bereits vorher geäußerte Vorwürfe wieder aufgenommen, sondern diese offensichtlich so heftig vorgetragen, dass er auf der Stelle vom Stadtpolizeihauptmann abgeführt wurde. Der Magistrat ließ Bolsec verhören, sah sich aber zu einer Entscheidung außer Stande. So holte man Gutachten in Bern, Zürich und Basel ein. Obwohl diese keineswegs einhellig günstig für Calvins Standpunkt waren, sah die Obrigkeit Anlass genug, Bolsec aus Genf zu verbannen.

Die Affäre fand im folgenden Jahr eine Fortsetzung, als Calvins alter Gegner Jean Trolliet noch einmal ähnliche Angriffe gegen Calvins Prädestinationslehre wiederholte. So zügig die Auseinandersetzungen unter voller Zustimmung des Magistrats beendet wurden, so gewichtige Folgen hatte der Streit mit Bolsec. Zum einen wurde dieser 25 Jahre später zum Autor der erwähnten, wirkungsreichen Schmäh-Biographie, die zwei Jahrhunderte lang die Polemik gegen Calvin nährte und Ausgangspunkt der wildesten Zerrbilder des Genfer Reformators war. Zum anderen zwang die Kontroverse Calvin, die Prädestinationslehre klarer und eingehender zu entfalten, und ist damit *einer* der Gründe für die spätere Dominanz der Prädestinationslehre in der Wirkungsgeschichte seiner Theologie. Calvin hat die Lehre, dass alles Heil an der Erwählung Gottes hängt, mit großer Entschiedenheit und bis in die letzten logischen Konsequenzen hinein verteidigt: «Es wird keine Kirche und kein Christentum mehr geben, wenn man die Erwählung Gottes austilgen wollte» (CO 54,50; CStA 4,80). Man müsse sie predigen

erstens, um Gott zu verherrlichen, so wie er es verdient, zweitens, um uns unseres Heiles zu vergewissern, damit wir Gott in voller Freiheit als unsern Vater anrufen. Wehe uns, wenn wir an diesen beiden Stücken nicht festhalten: dann gibt es weder Glaube noch Religion. Man kann dann wohl noch von Gott reden, doch wird es lauter Lüge sein. (CO 51,262; CStA 4,80)

Calvins Antwort auf Bolsecs Angriffe wurde noch im Jahre 1551 gedruckt und dem Magistrat als Neujahrsgabe überreicht. Wirkungsreicher wurden die grundlegenden Erörterungen, die Calvin in den folgenden Jahren den Neuausgaben der *Institutio* hinzugefügt hat. Hier ist er nicht immer der Gefahr entgangen, die logisch notwendige Vorherbestimmung zum Unheil als gleichgewichtige Parallele zur Erwählung zum Heil zu lehren. Auch die biblisch nahegelegte Auffassung, dass Jesus Christus nicht nur der Anfang der Erwählung zu nennen ist, sondern auch die der menschlichen Sünde und Schuld entsprechende Verwerfung auf sich genommen habe, ist hier weniger klar entfaltet als an anderer Stelle in Calvins Schriften und Bibelkommentaren.

Michael Servet (1553). Im Herbst 1553 folgte die nächste Auseinandersetzung. Kurz bevor der Streit um die Kirchenzucht mit Calvins Beinahe-Abschied am 3. September einen vorläufigen Höhepunkt fand, wurde der bekannte spanische Trinitätsleugner Michael Servet (1511–1553) in Genf verhaftet. Am 27. Oktober 1553 endete der Prozess gegen ihn mit seinem Tod auf dem Scheiterhaufen. Dieser dramatischen Zuspitzung vorangegangen war eine langjährige Bekanntschaft Calvins mit dem Antitrinitarier. Ein während des Aufenthalts in Paris 1534 geplantes Treffen war – laut Bezas Bericht – nicht zustande gekommen. Wie mit anderen Reformatoren hatte Servet später auch mit Calvin Kontakt aufzunehmen versucht, wurde aber von diesem aufgrund seiner Ablehnung der Trinitätslehre nicht als Gesprächspartner akzeptiert. Zahlreiche Briefe des seit 1540 als Arzt in Vienne bei Lyon praktizierenden Gelehrten an Calvin blieben unbeantwortet. Das dort entstandene und 1553 gedruckte Werk *Christianismi restitutio* (*Wiederherstellung des Christentums*) drückte schon im Titel den Anspruch des theologischen Gesprächs mit dem Autor der *Institutio christianae religionis* aus. Bereits vor der Drucklegung hatte Servet eine Abschrift des Werkes an Calvin gesandt, damit aber nur dessen entschiedene Ablehnung hervorgerufen. An die Stelle der seit der Alten Kirche geltenden Trinitätslehre, die als unbiblisch verworfen wird, tritt bei Servet eine an Pantheismus grenzende, stark neuplatonisch geprägte Auffassung von einem weltimmanenten Gott. Calvin hatte nur harte Worte für den ihn selbstbewusst zum theologischen Disput auffordernden Gelehrten übrig:

Servet hat mir kürzlich geschrieben und seinem Brief einen dicken Band seiner wahnsinnigen Lehren beigelegt mit der bramarbasierenden Prahlerei, Staunenerregendes und bisher Unerhörtes werde ich darin finden. Wenn ich Gefallen daran finde, verspricht er, hierher zu kommen. Aber ich will mich für nichts verbürgen. Denn kommt er hierher, so lasse ich ihn, wenn ich irgend etwas vermag, nicht mehr lebendig wieder fort. (CO 12,283; Schwarz 1,332)

Als Servets *Christianismi restitutio* gedruckt vorlag, führte ein Hinweis aus Genf – durch den französischen Flüchtling Guillaume Trie, den Schwiegersohn des berühmten Humanisten Guillaume Budé – zur Entdeckung des Verfassers. Nachdem die Nachforschungen der Inquisition nicht zum Erfolg geführt hatten, waren es die von Trie auf drängende Nachfrage zugesandten Briefe Servets an Calvin, welche die weiteren Ermittlungen der Inquisition stützten. Auf der Flucht, wurde Servet schließlich am 13. August im Gottesdienst in Genf erkannt und sogleich auf Calvins Veranlassung hin verhaftet. Die Anklage in dem zweieinhalb Monate dauernden Prozess, die auf Häresie und Störung der kirchlichen Ordnung lautete, vertrat Calvins Sekretär Nicolas de La Fontaine. Da unter den Richtern Gegner Calvins waren, konnte Servet noch auf Rettung hoffen, aber weder eine gegen Calvin angestrengte Gegenklage noch die verzweifelten Bittschreiben angesichts der unwürdigen Haftbedingungen konnten ihm helfen. Zwischenzeitlich hatte man um auswärtige Stellungnahmen gebeten. Nachdem die Gutachten der Räte und «Diener des Wortes Gottes» der Städte Zürich, Schaffhausen, Bern und Basel in der ersten Oktoberhälfte eingegangen waren und sich allesamt für eine Hinrichtung des gefährlichen Häretikers ausgesprochen hatten, wurde er am 27. Oktober 1553 zum Tod auf dem Scheiterhaufen verurteilt. Das Urteil wurde noch am selben Tag vollstreckt.

Die Rechtslage war eindeutig. Das Reichsrecht sah für die Leugnung der Trinitätslehre die Todesstrafe vor. Nicht nur war im römischen Recht die Bestrafung von Gegnern der orthodoxen Trinitätslehre wie auch anderer Häretiker (vgl. Codex Iustinianus I,1,1 bzw. I,5) gefordert. Vielmehr sah auch die Peinliche Gerichtsordnung Kaiser Karls V., an die man sich in Genf hielt, in Artikel 106 eine strenge Bestrafung der Gotteslästerer «an Leib, Leben oder Gliedern» vor. Das bisweilen zu lesende Urteil, dass Calvin Servet habe hinrichten lassen, verdeckt diesen Sachverhalt. Darüber hinaus muss zur Erklärung von Calvins Verhalten eine jahrzehntelange, komplizierte und nicht mehr in allen Dimensionen zu rekonstruierende persönliche Beziehung in Rechnung gestellt werden. Die eigenartige Tatsache, dass Servet sich in der Situation höchster Bedrohung gerade nach Genf begeben hat, ist wohl nur durch ausgeprägt apokalyptische Stimmungen zu erklären. Zu berücksichtigen ist auch, dass Calvin selbst sich nach den Angriffen Carolis wegen Missachtung der altkirchlichen Trinitätslehre hatte rechtfertigen müssen und insofern keinerlei Zweifel an der klaren Abgrenzung aufkommen lassen wollte.

Es muss in aller Klarheit festgehalten werden, dass Calvin sich in der Auseinandersetzung mit Servet wie auch den anderen Gegnern zu keinerlei religiöser Toleranz im modernen Sinne im Stande gesehen hat. Selbst das Zugeständnis, dass Calvin Castellios abweichende Auslegung der «Höllenfahrt Christi» nicht als Irrlehre qualifizieren wollte, hatte enge Grenzen. In Genf selbst war eine solche abweichende Auffassung angesichts der Gefährdungen der Reformation nicht tolerabel. Insgesamt gab es – anders als in den Auseinandersetzungen um die Kirchenzucht – in den geschilderten Ausgrenzungen falscher Lehre so gut wie keinen Dissens zwischen den Pfarrern und dem Magistrat. Die Strafen wurden von der weltlichen Obrigkeit verhängt und vollzogen.

12. Zuspitzungen 1553–1554: Obrigkeitliche Gewalt in Glaubensfragen?

Nach der Hinrichtung Servets kam es zu einer breiten Debatte der damit verbundenen grundsätzlichen Fragen. Gleich wurden kritische Stimmen laut, die Calvin und der Genfer Obrigkeit unter anderem die Rückkehr zu den Methoden der verhassten Inquisition vorwarfen. Calvin sah sich genötigt, eine eingehende *Verteidigung der orthodoxen Lehre über die heilige Trinität* zu verfassen (gedruckt im Februar 1554), eine Schrift, die Joseph Lecler als «kategorische Apologie der Intoleranz» und «eine der furchtbarsten Abhandlungen, die zur Rechtfertigung der Ketzerverfolgung je geschrieben worden ist», bezeichnet hat (Lecler 1965/I, 459 u. 456). In aller Schärfe weist Calvin hier noch einmal die trinitätskritischen Lehren Servets zurück. Darüber hinaus erörtert er in grundsätzlicher Weise die Frage, ob es christlichen Obrigkeiten erlaubt sei, Ketzer zu bestrafen (vgl. CO 8,461–481). Auch in dieser Schrift bekräftigt Calvin, dass das Reich Christi nicht durch Waffengewalt, sondern durch die Predigt des Evangeliums bestehe. Niemand solle zum Glauben gezwungen werden. Gleichwohl habe die weltliche Obrigkeit die Verantwortung, gegen diejenigen vorzugehen, die zum Abfall vom wahren Glauben aufriefen, den Frieden der Kirche zerstörten und die Einheit der Frömmigkeit zerrissen.

Gegen Urheber falscher Lehren sei auch die Todesstrafe als äußerstes Gewaltmittel anzuwenden, wenn – wie im Falle Servets – ihre Hartnäckigkeit nicht nachlasse und die Gottlosigkeit ihrer Irrtümer nicht mehr zu ertragen sei. Es gebe Vertreter von Irrlehren, die man mit Nachsicht ertragen und gegebenenfalls maßvoll bestrafen könne.

Aber wenn die Religion in ihren Grundfesten erschüttert wird, wenn Gott in verabscheuungswürdiger Weise gelästert wird, wenn die Seelen durch gottlose und zerstörerische Lehren ins Verderben gerissen werden und wenn man schließlich offen von dem einen Gott und seiner Lehre abzufallen droht, dann ist es notwendig, dass man zu jenem letzten Heilmittel greift, damit das tödliche Gift sich nicht weiter verbreite. (CO 8,477)

Calvins Argumentation richtet sich gegen zwei Arten von Gegnern, die «Unruhestifter» und die «Gutwilligen, aber Einfältigen». Die Letzteren sprächen teils aus Unwissenheit und teils aus eigenen schlimmen Erfahrungen mit der Inquisition der weltlichen Obrigkeit das Recht ab, Ketzer zu bestrafen. Die andere Gruppe der Gegner, diejenigen, die Verwirrung stiften, beharrten auf ihren individuellen religiösen Eingebungen und sähen jede allgemeine Festlegung kirchlicher Lehre als Tyrannis in der Kirche an. Ihnen hält Calvin entgegen: «Wie wird die Religion bestehen, woran wird man die wahre Kirche erkennen können, was wird Christus selbst schließlich sein, wenn die Lehre der Frömmigkeit («pietatis doctrina») unsicher und zweifelhaft wird» (CO 8,464). Hier wird Calvins besonderes Anliegen

deutlich. Er sieht die Reformation in elementarer Weise gefähr-
det. Darum muss die Klarheit und Einheit der rechten Lehre mit
allen Mitteln gewährleistet werden. Für Pluralität und individuelle Religiosität ist angesichts des Überlebenskampfes der wahren Kirche kein Spielraum.

Unter den «Unruhestiftern», gegen die Calvin die *Verteidigung der orthodoxen Lehre über die heilige Trinität* geschrieben
hat, ist neben Servet auch Castellio zu nennen. Dieser reagierte
auf die Hinrichtung Servets und auf Calvins Rechtfertigungs-
schrift mit einer pseudonym veröffentlichten, im März 1554 gedruckten Schrift, die bis heute als Meilenstein in der Geschichte
des Toleranzgedankens gilt. Das 175 Seiten starke, im Oktav-
format gedruckte Bändchen bot unter dem Titel *Über die Häretiker, ob sie zu verfolgen sind und auf welche Weise mit ihnen
umzugehen ist* eine Sammlung von Texten und Zitaten, welche
allesamt die Bestrafung von Ketzern mit dem Tod ablehnen. Im
Vorwort zu der Schrift vertrat Castellio die Duldung abwei-
chender religiöser Auffassungen, eine Konzentration auf die
Grundlehren der Heiligen Schrift und die Belehrung Anders-
gläubiger in Gestalt der praktischen Nachfolge Christi.

Der Befund scheint die eingangs erwähnte, von Stefan Zweig
popularisierte Gegenüberstellung Castellios und Calvins unter
dem Motto «ein Gewissen gegen die Gewalt» zu bestätigen. Es
ist jedoch zu einfach, in dieser Weise Toleranz und Intoleranz
auf die beiden Namen zu verteilen. Dagegen spricht schon, dass
auch Castellio an den für das 16. Jahrhundert charakteristischen
Grundeinstellungen, die mit dem modernen Toleranzbegriff in-
kompatibel sind, Anteil hatte. So wollte er zwischen dem Häretiker und dem Gotteslästerer unterschieden wissen. Nur der
Häretiker, der in Fragen von Lehre und Kirchenordnung abweichende Positionen vertritt, habe Anspruch auf Tolerierung. Der
Gotteslästerer hingegen, der Gott und die Schrift leugnet, soll
auch nach Castellios Auffassung dem Magistrat zur Bestrafung
übergeben werden. Wenn ein Untertan auf der Verleugnung der
elementarsten Wahrheiten der Religion wie der Erschaffung der
Welt, der Unsterblichkeit der Seele oder der Auferstehung Christi beharrt, könne die weltliche Obrigkeit sehr wohl die Exilie-

rung verfügen. In dem erst Anfang des 17. Jahrhunderts gedruckten *Büchlein wider Calvin*, das sich eingehend mit Calvins
Verteidigungsschrift auseinandersetzte, hat Castellio dies weiter
erörtert. Hier beharrt er darauf, dass sich die alttestamentlichen
Gesetze nicht auf Häretiker, die bloße Irrende seien, beziehen.
Anders verhalte es sich jedoch mit den Gottlosen, den Gottes-
lästerern und den Götzendienern. Ihnen könne zu Recht die Beleidigung der göttlichen Majestät vorgeworfen werden, und
darum drohe ihnen auch eine Bestrafung durch die weltliche
Obrigkeit.

Die zitierten Aussagen Calvins lassen kaum Spielraum für
religiöse Toleranz. Vor allem zwei Traditionen und Denkmuster
sind dafür verantwortlich. Zum einen ist die durchgehende Orientierung am römischen Recht der christlichen Kaiser, das Calvin durch seine juristische Ausbildung bestens vertraut war, zu
nennen. In den entsprechenden Titeln des *Codex Iustinianus*
und der *Novellen* innerhalb des *Corpus iuris civilis* wird selbstverständlich von der Verantwortung der christlichen Herrscher
für die rechte Gottesverehrung in dem ihnen unterstellten Gemeinwesen ausgegangen.

Eng damit zusammen hängt die Hochschätzung des alttestamentlichen Gesetzes, das Calvin weniger als zum Beispiel Luther durch den Verweis auf das Evangelium oder die neutestamentlichen Mahnungen zu relativieren bereit war. Hier sind es
insbesondere die scharfen Gesetze gegen Idolatrie, Blasphemie,
Häresie und Zauberei im Pentateuch, die das Vorbild für Calvins Bekämpfung der Ketzer mit der Todesstrafe bieten (Leviti-
cus 24; Deuteronomium 13). Dabei ist jedoch zu betonen, dass
Calvin grundsätzlich nicht nur das alttestamentliche Zeremoni-
algesetz, sondern auch das Judizialgesetz als für die Christen
nicht mehr gültig betrachtet hat. Als Vorbild sind die Regelungen gleichwohl relevant. Calvin teilt selbstverständlich die
sowohl römisch-rechtlich als auch alttestamentlich geprägte
Vorstellung, dass Gott das gesamte Gemeinwesen strafen
könnte, wenn es Irrlehre, Götzendienst und Gotteslästerung innerhalb der eigenen Mauern dulde.

Fragt man, welche seiner Theologie inhärenten Denkstrukturen der Entwicklung des modernen Toleranzgedankens kompatibel bzw. förderlich gewesen sind, lassen sich drei Beobachtungen formulieren. Der von Humanisten wie Erasmus oder auch Castellio vertretene Gedanke einer Konzentration auf konstitutive Hauptlehren bei gleichzeitiger Tolerierung unterschiedlicher Einzellehren wird auch von Calvin aufgenommen (vgl. Inst. IV,1,11, CO 2,755 f.; OS 5,16), aber, wie die dargestellten Abgrenzungen gezeigt haben, sehr restriktiv verstanden. Tendenzen individualistischer Religiosität, wie sie sich im linken Flügel der Reformation ausbreiteten, spielen bei Calvin praktisch keine Rolle. Anders verhält es sich mit der klaren Unterscheidung von geistlichem und weltlichem Regiment, die Luther angesichts der mittelalterlichen Fehlentwicklungen betont hatte. Geistliches und weltliches Regiment haben danach ihre je eigene Würde und nicht nur verschiedene Aufgabenbereiche, sondern auch unterschiedliche Wirkungsmittel. Im geistlichen Regiment geht es um Evangeliumsverkündigung, die nicht mit Gewalt, sondern allein mit dem Wort («sine vi, sed verbo») geschieht.

Der junge Calvin hat die Unterscheidung der beiden Regimente in der ersten Ausgabe der *Institutio* 1536 übernommen und auch die Folgen für eine Ablehnung der Anwendung von Gewaltmitteln im geistlichen Regiment formuliert. Entsprechend müssten die Mittel im Umgang mit denen gewählt werden, die durch ihre Lehren oder ihren Lebenswandel die Gemeinschaft der Glaubenden zu beschädigen drohen. Nicht mit staatlichen Gewaltmitteln, sondern mittels zeitlich begrenzten Ausschlusses im Interesse einer Besserung bzw. Rettung seien Delinquenten zu behandeln. «Auf alle mögliche Weise, sei's durch Ermunterung und Lehre, sei es durch Milde und Leutseligkeit, sei es endlich durch unsere Gebete zu Gott,» sei auf Besserung und Bekehrung hinzuwirken, damit eine Wiederaufnahme in die Gemeinschaft der Kirche möglich sei. Calvin fügt hinzu, dass solches Verhalten auch gegenüber Angehörigen einer anderen Religion und den Feinden der wahren Religion zu pflegen sei. «Und nicht bloß solche Unglücklichen sind so zu behandeln, sondern auch die Türken selbst und Sarazenen und die

übrigen Feinde der wahren Religion» (Inst. 1536, II, OS 1,91,
Übersetzung nach Spiess, 108). Eine Bekehrung unter Rückgriff
auf Zwang und Gewalt lehnt Calvin ausdrücklich ab.

So wenig darf man das Verfahren billigen, welches viele bis jetzt ersonnen haben, um jene zu unserem Glauben gewaltsam zu bekehren, indem sie ihnen nämlich den Gebrauch des Wassers und des Feuers und aller den Menschen gemeinsamen Elemente untersagen. Ist doch ein derartiges Gebaren, die Mitmenschen für vogelfrei zu erklären, sie mit Waffengewalt zu verfolgen, eine Verleugnung aller Pflichten der Menschlichkeit. So lange also uns noch Gottes Urteil ungewiss ist, steht es nicht in unserer Befugnis, ein Einzelurteil über die Zugehörigkeit zur Kirche zu fällen. (ebd.)

Bezeichnenderweise sind die zuletzt zitierten Sätze, welche eine
gewisse Toleranz auch Anhängern einer anderen Religion wie
den Muslimen gegenüber andeuten und Gewaltanwendung in
Glaubensdingen ablehnen, in den späteren Ausgaben der *Institutio* entfallen (zur bleibenden Bedeutung der Unterscheidung
von geistlichem und weltlichem Regiment vgl. Inst. III,19,15;
Inst. IV,20,1; Inst. IV,11,3). Calvins Wahrnehmung der eminenten Bedrohung der Reformation und sein angestrengtes Ringen um die Einheit und Reinheit der Lehre in Genf haben zu einer problematischen Modifikation der reformatorischen Unterscheidung der Aufgaben und Mittel von geistlichem und
weltlichem Regiment geführt. Der Grundsatz, dass im geistlichen Regiment, in dem es nicht um Leibliches, sondern um
Seelisches geht, allein mit dem Wort, nicht aber mit Gewaltmitteln zu kämpfen sei, ist schließlich weitgehend aufgegeben.
Diese Entwicklung war umso leichter möglich, als der juristisch
geschulte Calvin von Anfang an die Verantwortung der weltlichen Obrigkeit, gegen Gotteslästerung und Götzendienst
vorzugehen, hervorgehoben hat. So wird bereits in der *Institutio* von 1536 über die Aufgaben der Obrigkeit gesagt: «Vielmehr sucht sie zu verhüten, dass Idolatrie, Frevel gegen Gottes
Namen, Blasphemien und öffentliche Angriffe gegen die rechte
Religion hervorbrechen und im Volk Verbreitung finden»
(Inst. 1536, VI, OS 1,260, Übersetzung nach Spiess, 386). Es sei

Aufgabe der weltlichen Obrigkeit, «zu verhüten, dass man ungestraft die in Gottes Gesetz enthaltene wahre Religion vor aller Augen und durch öffentliche Heiligtumsschändungen verletzen und besudeln darf» (ebd.; vgl. auch Inst. IV,20,3, CO 2,1094 f.; OS 5,473 f.; Sermon zu Daniel 4,1–3, CO 40,647–651).

13. Konsolidierung und Konfessionalisierung, Verfolgung und Vollendung (1555–1564)

Konsolidierungsmaßnahmen. Calvins Anhänger sicherten ihre im Jahre 1555 gewonnene Macht im Wesentlichen durch zwei Maßnahmen: die erwähnte, deutlich vermehrte Gewährung des Bürgerrechts an französische Flüchtlinge und den Austausch der den Perrinisten nahestehenden Ratsmitglieder. So wurde zum Beispiel im Jahre 1560 der Jurist Germain Colladon, Onkel des Theologieprofessors und Autors der zitierten Calvin-Biographie, Nicolas Colladon, Mitglied des Rates der Sechzig, des höchsten den «bourgeois» offenstehenden Gremiums. Aus der engsten Umgebung Calvins waren 1558 Antoine Calvin und Antoine Froment in den Großen Rat gewählt worden, ein Jahr später Laurent de Normandie, Jean Budé (ein Sohn Guillaume Budés) und Guillaume Try. Die andauernden Auseinandersetzungen zeigen jedoch, dass Calvin und seine Anhänger auch nach 1555 ihre Vorhaben nicht ohne erheblichen Widerspruch in die Wirklichkeit umsetzen konnten. So kam es bei der Versammlung des Großen Rates im November 1556 zu einem Aufruhr. Der Kleine Rat hatte auf Druck der Pfarrer schärfere weltliche Strafen bei Verstößen gegen die Moralgesetze der Stadt beschlossen. Als man sie im Großen Rat präsentierte, wies Pierre Bonna, ein früherer Bürgermeister, sie als zu hart zurück. Eine Vielzahl kleinerer Konflikte mit Verhaftungen und Bestrafungen ist belegt. Im Unterschied zu den Jahren bis 1555 sind nun aber keine Amtsinhaber mehr unter den zu Bestrafenden genannt.

Das dringlichste Problem blieb das gespannte Verhältnis zu

Bern. Im Jahre 1556 war der Schutzvertrag mit Bern abgelaufen und musste erneuert bzw. ersetzt werden. Die Berner Herren sahen den zunehmenden Einfluss Calvins und der französischen Flüchtlinge jedoch sehr kritisch und verzögerten die Verhandlungen über einen Neuabschluss. Zugleich hielten sich einige der aus Genf vertriebenen Gegner im Berner Gebiet auf und schürten die Stimmung gegen den neuen Magistrat. Die schwerwiegendsten Fälle waren die Entschädigungsklagen, die Philibert Berthelier und andere Vertriebene gegen das Genfer Regiment bei Berner Gerichten eingereicht hatten. Genf erkannte die Gerichtsurteile nicht an, aber die Gerichte ermöglichten den Betroffenen, Genfer Besitz auf Berner Gebiet zu requirieren. Erst nach langen Verhandlungen gelang es, eine Lösung zu finden. Auch die Bemühungen um die Neugestaltung des Vertrages zwischen Bern und Genf führten schließlich angesichts neuer Bedrohungen durch den Herzog von Savoyen zu einem Erfolg. Am zweiten Januarsonntag 1558 wurde ein die Interessen Genfs respektierender «ewiger Bund» verkündet. Die erheblichen Konflikte in Lehrfragen zwischen Genfer und Berner Theologen blieben jedoch, auch nach Vermittlungsversuchen anderer Schweizer Kirchen, bestehen.

In den Jahren nach 1555 ist nun auch ein deutlich verstärktes Wirken des Konsistoriums zu beobachten. Die Arbeitsabläufe waren eingespielt, und vor allem gab es keine nennenswerten Widerstände von Seiten des Magistrats mehr. Das Konsistorium und nicht mehr der Kleine Rat sprach jetzt die Exkommunikation aus. Im Jahre 1555 gab es achtzig Fälle der Anwendung von Kirchenzucht, ein Jahr später waren es bereits doppelt so viele, und in den Jahren 1557 bis 1561 verdreifachte sich die Zahl. 1559 wurden über dreihundert Personen zeitweise exkommuniziert (vgl. Naphy 1994, 178–182). Die letzten, von Calvins Warte aus erfolgreichen Jahre der Genfer Tätigkeit bestätigten seine Einschätzung, dass die entscheidende Voraussetzung für eine konsequente Realisierung der Reformation die Etablierung einer qualifizierten und in der Lehre einigen Pfarrerschaft sei. Es ist offensichtlich, dass die sehr gut ausgebildeten, teilweise juristisch geschulten und mitunter auch intellektuell brillanten Pfarrer mit Calvin an der Spitze eine zentrale Rolle im öffentlichen Leben spielten. Auch die Arbeit des Konsistoriums wurde von ihnen dominiert. Sie waren es, die die Vorgeladenen befragten, und nicht der Bürgermeister oder andere Älteste.

Der Einfluss Calvins und der anderen Pfarrer sowie die deutlich erhöhte Zahl an Flüchtlingen, die das Bürgerrecht erhalten hatten, sorgten dafür, dass weitergehende gesetzliche Regelungen getroffen wurden. Frauen und Männer sollten nun im Gottesdienst getrennt sitzen. Am 12. November 1557 beschloss der Große Rat, dass die Missachtung der Kirchenzucht als Rebellion mit einer einjährigen Verbannung zu bestrafen sei. Vor allem aber gelang es jetzt, die *Ordonnances ecclésiastiques* von 1541 in Calvins Sinn zu verändern. Am 9. Februar 1560 wurden vier Beschlüsse gefasst, die die Verantwortung kirchlicher Instanzen in kirchlichen Angelegenheiten stärkten. Der vorsitzende Bürgermeister sollte bei den Sitzungen des Konsistoriums nicht mehr den Amtsstab führen, da er nicht in seiner Verantwortung als Magistrat tätig war. Den Pfarrern sollten mehr Mitspracherechte bei der Auswahl der Ältesten zugestanden werden. In kirchlichen Angelegenheiten sei die Unterscheidung von «citoyens» und «bourgeois» ohne Bedeutung, und schließlich sollten die Verhängung des Bannes und die Wiederaufnahme in die Gemeinde als öffentliche Akte vor der gesamten Gemeinde vollzogen werden. Am 13. November 1561 wurde die überarbeitete und erweiterte Fassung der *Ordonnances ecclésiastiques* in der Hauptkirche St. Pierre feierlich verkündet (Text: CO 10/1,91–124; CStA 2,238–279).

Natürlich löste die strenge Durchführung der Kirchenzucht bei den Betroffenen keine Begeisterung aus. Vor allem führte die Dominanz der französischen Pfarrer und wohlhabender, gut qualifizierter Flüchtlinge zu deutlichen Aversionen bei den Einheimischen. Ganz anders war die Wahrnehmung der Maßnahmen zur Besserung des christlichen Lebens bei den um ihres Glaubens willen nach Genf Geflohenen. Neben Franzosen und Italienern waren dies ab 1553 auch englische und schottische Flüchtlinge, die vor den Verfolgungen der «blutigen Maria Tudor» Schutz suchten. Einer der prominentesten unter ihnen, der spätere Reformator Schottlands, John Knox, äußerte geradezu enthusiastisch, an diesem Ort befinde sich

die vollkommenste Schule Christi, die es seit der Zeit der Apostel auf Erden gegeben hat. Auch an anderen Orten – will ich zugeben – wird Christus wahrhaft gepredigt, aber bisher habe ich noch nirgendwo gesehen, dass die Sitten und der Glaube so rein reformiert sind wie hier. (CO 16,333)

Mit den Erfahrungen des 20. Jahrhunderts im Rücken und der Selbstverständlichkeit einer liberalen Gesellschaft, für welche die Selbstbescheidung des Staates, aber auch kirchlicher Institutionen konstitutiv ist, fällt die angemessene Bewertung der Verhältnisse in Calvins Genf schwer. Zur historischen Einordnung sind zwei Aspekte zu berücksichtigen. Zum einen bestand angesichts des Niedergangs der auf personalen Autoritätsverhältnissen beruhenden feudalen Ordnung und der langsamen Entstehung des frühmodernen Territorialstaates ein erheblicher Regelungsbedarf. Es kennzeichnete die Territorialstaatsbildung in allen konfessionellen Einflusssphären, dass die Konzentration der Herrschaft in den Händen einer einzigen territorialen Obrigkeit mit einer geradezu explosionsartigen Zunahme an Reglementierungen verbunden war. Charakteristisch für das Genfer Gemeinwesen war hier nur die besondere kirchliche Kompetenz in der Sittenzucht sowie die Konsequenz und der weitreichende Erfolg, mit dem Reglementierungsbemühungen vorangetrieben wurden.

Zum anderen waren die Veränderungen, die in Frankreich relativ weit vorangeschritten waren, mit einer wachsenden Krisenwahrnehmung verbunden. Die Klage über Unordnung und den drohenden Rückfall des Kosmos ins Chaos schwoll in der zweiten Hälfte des 16. Jahrhunderts mächtig an. Es sind gerade gut ausgebildete, führende Intellektuelle, die in diese Klage einstimmten und sich von der Gestaltungskraft des Genfer Modells viel erhofften. Es dürfte repräsentativ für die verbreitete Grundstimmung sein, was der Jurist und Calvin-Schüler Lambert Daneau einmal mit folgenden Worten zum Ausdruck gebracht hat: «Nichts ist schöner als Ordnung» (zit. in: Strohm 1996, 636).

Die Akademie. Von Anfang an hat Calvin der Erziehung der
Jugend besondere Aufmerksamkeit gewidmet. In den letzten
Jahren seines Genfer Wirkens erfolgte mit der Gründung der
Akademie ein entscheidender Schritt zur Sicherung der Reformation in Genf und weit darüber hinaus in Frankreich und anderen Teilen Westeuropas. Calvin hatte in Straßburg die von
Johannes Sturm geleitete Hochschule kennengelernt und suchte
etwas Vergleichbares in Genf aufzubauen. Aufgrund des
schlechten Zustands des Gebäudes, in dem das Collège de Rive
untergebracht war, begann man im Winter 1557/58 nach Alter-
nativen zu suchen. Einer Ergänzung des Unterrichts durch höhere Schulbildung stand vor allem die Schwierigkeit entgegen,
mit begrenzten Mitteln geeignete Professoren zu finden. Da kam
den Genfern ein glücklicher Umstand zu Hilfe. Die Konflikte
der Berner Herren mit den Lausanner Pfarrern, die sich dem an-
geordneten Verbot widersetzten, Exkommunikationen durch-
zuführen und über die Prädestination zu predigen, eskalierten.
Es kam im Februar 1559 zu Entlassungen, und zwei der Entlas-
senen, Pierre Viret und Theodor Beza, zogen nach Genf. Beza,
der nach dem Studium der Rechtswissenschaften in Orléans
und Bourges seit 1549 als Professor für griechische Sprache an
der Lausanner Akademie tätig war, wurde Rektor und hielt am
5. Juni 1559 bei der feierlichen Eröffnung die Rektoratsanspra-
che. Die Einrichtung war gegliedert in eine «schola privata»,
das Gymnasium, und die «schola publica», die Akademie im
engeren Sinne.

Schon im ersten Jahr zählte die Akademie 162 Studenten, im
Jahre 1564 ungefähr 300. Sie war eine staatliche Einrichtung,
zugleich aber ganz auf das Studium der Theologie ausgerichtet.
Erst nach Calvins Tod kamen Lehrstühle für Rechtswissenschaften und Medizin hinzu. Wie in Straßburg nahm das Studium der klassischen und insbesondere der originalsprachlichen
Texte der Bibel einen zentralen Platz ein. Mit der Straßburger
Akademie teilte man ebenfalls das Ideal der «pia eloquentia»,
der «frommen Beredsamkeit». Gegen die spekulativen und lebensfremden logischen Spitzfindigkeiten der Scholastik sollte –
geschult an der antiken Rhetorik – der Stoff so gegliedert wer-

den, dass er überzeugend vermittelt und für die Lebensgestaltung fruchtbar werden konnte. Sprachliche und sittliche Bildung wurden in einem unmittelbaren Zusammenhang gesehen. Die meisten Studenten kamen aus Frankreich, und die Akademie sollte eine entscheidende Rolle bei der Ausbildung der Prediger der reformierten Kirche in Frankreich spielen.

Calvin war bereits 1536 als Lehrer der Heiligen Schrift angestellt worden und hatte seither dauerhaft Vorlesungen über biblische Bücher gehalten. Dies setzte er nun im Rahmen der Akademie fort, wobei er sich im Wesentlichen auf alttestamentliche Bücher konzentrierte. Ertrag dessen waren seine wirkungsreichen Kommentare zu fast allen biblischen Büchern, die bis in die Gegenwart immer wieder nachgedruckt und in die verschiedensten Sprachen übersetzt worden sind. Unter den neutestamentlichen Büchern hat er allein die Johannesoffenbarung nicht kommentiert. Calvin wusste sich zeitlebens an die Ziele gebunden, die er in der Vorrede zum Römerbriefkommentar von 1540 formuliert hat: Die erste Tugend eines Schriftauslegers sei die erhellende Kürze («perspicua brevitas»), was unter anderem bedeutete, dass Calvin systematisch-theologische Ausführungen so kurz wie möglich zu halten suchte.

Predigt des Wortes Gottes. Neben den Vorlesungen an der Akademie hat sich Calvin der Schriftauslegung im Rahmen eines umfangreichen Predigtdienstes gewidmet. Über die Predigttätigkeit in den Jahren bis 1549, auch in den Jahren als Pfarrer der französischen Flüchtlingsgemeinde in Straßburg 1538 bis 1541 sind nur ein paar wenige Informationen erhalten (vgl. CO 10/1,288; vgl. auch Parker 1992, 58). Seit dem Jahre 1549 hat ein Schreiber, Denis Raguenier, Calvins Predigten mitgeschrieben und dafür eigens eine Schnellschrift entwickelt. Die Predigten sollten gedruckt und von ihrem Verkaufserlös mittellose französische Flüchtlinge in Genf unterstützt werden. Durch Ragueniers Aufzeichnungen lässt sich der Inhalt der Predigttätigkeit Calvins recht gut rekonstruieren. Der Katalog, den er 1557 verfasst und den Nicolas Colladon im September 1564 abgeschrieben und ergänzt hat, führt nicht weniger als 2040 Pre-

digten Calvins auf (vgl. Parker 1992, 150–162). Die Stadt Genf
war in drei Gemeinden aufgeteilt, St. Pierre, St. Gervais und La
Madeleine. Tätig waren fünf Pfarrer und drei Assistenten. Am
Sonntag fanden bei Tagesanbruch (im Sommer um 6.00 Uhr, im
Winter um 7.00 Uhr) sowie am Nachmittag um 15.00 Uhr in
allen drei Kirchen Predigtgottesdienste statt. Zusätzlich gab es
unter der Woche bei Tagesanbruch in allen drei Kirchen einen
Gottesdienst. Calvin hatte, wie sein Biograph Colladon berichtet, neben den wöchentlichen Sonntagsgottesdiensten jede zweite Woche auch die täglichen Gottesdienste am Morgen der
Werktage zu leiten (vgl. CO 21,66). In den Wochen, in denen er
nicht zu predigen hatte, hielt er dreimal pro Woche Vorlesungen
zu biblischen Büchern. Hinzu kam an jedem Freitag, wie erwähnt, die Congrégation, in der er den Pfarrern der Stadt und
der Umgebung eine Bibelauslegung zu deren Fortbildung bot.
Calvins Predigten selbst dauerten wohl ungefähr eine Dreivier-
telstunde, was für damalige Verhältnisse vergleichsweise kurz
gewesen sein dürfte.

Calvin predigte wie auch andere Reformatoren über fortlau-
fende Bücher. Die Predigt am Sonntag behandelte ausschließlich
neutestamentliche Texte. Eine Ausnahme stellten lediglich die
von Calvin besonders geschätzten Psalmen dar. Wochentags
wurden alttestamentliche Texte ausgelegt. Will man Calvins
Werk und das Profil seiner Theologie verstehen, muss man seinen lebenslangen, außerordentlich umfangreichen Predigtdienst
neben der Auslegung der Bibel im Rahmen seiner Lehrtätigkeit
beachten. Er war zuallererst *Schriftausleger.*

«Consensus Tigurinus» (1549) und «Confessio Gallicana» (1559).
Die Präsenz der französischen Glaubensflüchtlinge in Genf bestimmte Calvins Wirken in den letzten zehn Jahren noch stärker
als zuvor. Französische Pfarrer beherrschten das kirchliche Leben, und im Genfer Gemeinwesen nahmen die vielfach gut ausgebildeten Flüchtlinge eine zunehmend wichtige Stellung ein.
Ein beträchtlicher Teil der umfangreichen Korrespondenz Calvins ist den Entwicklungen in der französischen Heimat gewidmet. Unter Heinrich II. (reg. 1547–1559) hatte die berüchtigte

«chambre ardente» allein zwischen 1547 und 1550 über 500 Urteile gegen «die ketzerischen Gotteslästerungen und Ruhe- und Friedensstörer» gefällt. Unermüdlich sprach Calvin den verfolgten Glaubensbrüdern Trost und Mut zu. Der Aufforderung zum standhaften Bekennen stehen Äußerungen tiefen Mitgefühls zur Seite. Besonders mitgenommen hat es Calvin, als er das Todesurteil über fünf evangelisch gesinnte Studenten in Lyon mitgeteilt bekam. In Basel, Bern und Zürich und ebenso im Reich warb er ununterbrochen um Unterstützung der französischen Protestanten. In Calvins späten Lebensjahren war es dann Theodor Beza, der den Aufbau der reformierten Kirche in Frankreich leitete. Allein in den Jahren 1562 bis 1564 gelangten 72 Schreiben mit Bitten um Prediger nach Genf. Ein Genfer Pfarrer schrieb an Farel, dass man auf der Stelle 4000 bis 6000 Prediger anstellen könnte, wenn sie zur Verfügung stünden. Trotz der Verfolgungen wuchsen die reformierten Gemeinden in Frankreich weiter.

Vom 25. bis 29. Mai 1559 fand die erste Generalsynode der «zerstreuten» Gemeinden Frankreichs in Paris statt. Calvin sandte den Entwurf eines Bekenntnisses, aus dem dann die berühmte *Confessio Gallicana* wurde. Ausgangspunkt aller Lehre ist – schon im Titel den Abgöttereien des Papsttums entgegengestellt! – das Wort Gottes, wie es im Evangelium offenbar wird:

1. Weil das Fundament des Glaubens, wie Paulus lehrt, durch das Wort Gottes gelegt wird (Römer 10,17), glauben wir, dass der lebendige Gott in seinem Gesetz und durch seine Propheten und schließlich im Evangelium offenbar geworden ist (Hebräer 1,1) und dort seinen Willen bezeugt hat, soweit es für das Heil der Menschen dienlich ist. Deshalb halten wir die Bücher der Heiligen Schrift, des Alten und Neuen Testaments, für die Summe der einzigen untrüglichen Wahrheit, die aus Gott hervorgegangen ist und keinerlei Widerspruch duldet. (CO 9,739–741; OS 2,310; CStA 4,40 f.)

In aller Klarheit ist hier Calvins grundlegende Überzeugung formuliert, dass die biblischen Texte Ausgangspunkt und Kriterium aller Lehre und theologischen Diskussion sein müssen. Auch sein Bemühen um die Einheit der Kirche wie die notwendigen

Abgrenzungen sind durch die am Anfang der *Confessio Gallicana* formulierte Grundentscheidung bestimmt.

Das Gallikanische Bekenntnis war nicht als Gründungsdokument einer neuen Konfession gedacht. Vielmehr sollte es die evangelische Lehre angesichts der verschärften Verfolgungen der Anhänger der Reformation angemessen zusammenfassen. Faktisch stellte es jedoch einen wichtigen Schritt auf dem Weg der einsetzenden Konfessionalisierung dar. Calvin hatte ursprünglich wie Bucer die Entstehung einer eigenständigen reformierten Kirche neben der lutherischen zu verhindern gesucht. Nicht nur hatte er sich in der ersten Ausgabe der *Institutio* Luther angeschlossen, sondern auch später Bucers vermittelnde Auffassungen in der Abendmahlslehre geteilt. Erst die heftigen Angriffe der sog. Gnesiolutheraner – die sich als die wahren Schüler und Erben Luthers inszenierten – Anfang der fünfziger Jahre haben ihn zu deutlicheren Abgrenzungen gegenüber Luthers Abendmahlslehre veranlasst. Ausgangspunkt dieser Auseinandersetzungen war der zwischen Calvin und Bullinger in Zürich 1549 erzielte *Consensus Tigurinus*. Trotz der deutlichen und bleibenden Lehrunterschiede in der Abendmahlslehre, der Prädestinationsauffassung und im Verständnis der Kirchenzucht sahen beide sich zu einer solchen Übereinkunft veranlasst. Angesichts der eminenten Bedrohung des Protestantismus nach der vernichtenden Niederlage im Schmalkaldischen Krieg gegen den Kaiser und angesichts des Herrschaftswechsels in Frankreich 1547 befürchtete besonders Calvin das Schlimmste. Die Formulierungen des *Consensus Tigurinus* schienen eine Annäherung Calvins an Zwinglis bzw. die Züricher Abendmahlslehre zu offenbaren. So kam es zu einem heftigen Angriff des Hamburger Lutheraners Joachim Westphal, der Calvin als einen Sakramentsleugner wie Zwingli brandmarkte.

Der Superintendent der Londoner Flüchtlingsgemeinde, Johannes a Lasco, hatte den *Consensus Tigurinus* drucken lassen (CO 7,733–744; OS 2,246–253; CStA 4,12–27). In der Antwerpener Gemeinde war es daraufhin zum Streit über den Text gekommen, sodass die lutherisch Gesinnten um Hilfe baten und

Westphal ihnen diese publizistische Unterstützung gewährte. Calvin antwortete erst nach längerem Zögern 1554 mit einer *Verteidigung der gesunden und orthodoxen Lehre von den Sakramenten*, die 1555 in Genf und Zürich gedruckt wurde (vgl. CO 9,1–36; OS 2,263–287). Neben der Diskreditierung seiner Abendmahlslehre lag ein weiterer Grund darin, dass a Lasco infolge des Herrschaftsantritts der «blutigen Maria Tudor» 1553 mit seiner Gemeinde England verlassen musste und trotz winterlicher Kälte in den norddeutschen lutherischen Territorien keine Aufnahme fand.

Calvin verteidigte sich in aller Entschiedenheit gegen den Vorwurf, das Abendmahl als reine Zeichenhandlung zu verstehen, und beanspruchte, in Übereinstimmung mit dem Augsburger Bekenntnis zu lehren. Zu seiner Enttäuschung hielt sich Melanchthon, der aus anderen Gründen schon im Kreuzfeuer der Kritik der sog. Gnesiolutheraner stand, mit Unterstützung zurück. Im Verlauf dieses Zweiten Abendmahlsstreits schrieb Calvin noch zwei weitere Schriften gegen die kontinuierlichen Angriffe Westphals. Eine Fortsetzung fand der Streit dann 1559 in Heidelberg. Hier hatte der lutherische Generalsuperintendent und Theologieprofessor Tileman Heshusius die Reformationsbemühungen Kurfürst Friedrichs des Frommen scharf kritisiert. Zur Rede gestellt, äußerte er in aller Deutlichkeit, dass er mit Calvin und Bullinger kein Abendmahl feiern könne. Als der streitbare Heshusius das dann in einem 1560 veröffentlichten Traktat begründete, sah Calvin sich zu einer Antwort gezwungen. In der *Klaren Erläuterung der gesunden Lehre von der wahren Teilhabe an Fleisch und Blut Christi im Heiligen Abendmahl gegen die zu beseitigenden Vernebelungen Heshusius'* (CO 9,457–524) entfaltete er 1561 noch einmal seine Auffassung vom Abendmahl, die gegen ein rein signifikatives Verständnis ebenso wie gegen die räumliche Einschließung von Leib und Blut Christi gerichtet war.

Krankheiten und Tod. Nach 1555 konnte Calvin knapp zehn Jahre lang relativ unangefochten und erfolgreich sein reformatorisches Wirken in Genf und weit darüber hinaus fortsetzen.

Es wurden auch schriftstellerisch seine produktivsten Jahre. 1559 und 1560 schloss er die umfassende letzte Ausgabe der *Institutio* in lateinischer und französischer Sprache ab. Vor allem konnte er eine größere Zahl von umfangreichen Kommentaren zum Druck bringen, unter anderem Kommentare zu den ersten drei Evangelien (1555), den Psalmen (1557), dem Propheten Hosea (1557), dem Propheten Jesaja (1559), den zwölf kleinen Propheten (1559), dem Propheten Daniel (1561), dem Propheten Jeremia (1563), den Klageliedern (1563), den fünf Büchern Mose (1564), dem Buch Josua (1564) und schließlich dem Propheten Ezechiel (1565).

Die letzten Lebensjahre waren aber auch überschattet von dauernden, sich verschlimmernden Krankheiten. Zu den migräneartigen Kopfschmerzen, Hämorrhoiden und rheumatischen Problemen, die ihn lebenslang quälten, kamen akute Erkrankungen hinzu. Im Jahre 1555 diagnostizierte man eine Rippenfellentzündung als Ursache starker Seitenschmerzen. Im September 1558 wurde er so krank, dass er für mehrere Monate das Bett hüten musste. Er konnte weder seine Lehrtätigkeit noch seinen Predigtdienst oder aber die Arbeit im Konsistorium weiterführen. Von Mitte November 1558 bis Mitte Januar 1559 ist nicht einmal ein Brief von seiner Hand erhalten. Calvin aß und trank nur noch wenig, und immer wieder suchten ihn rasende Kopfschmerzen heim. Er rang seinem dahinsiechenden Körper gleichwohl eine erhebliche Arbeitsleistung ab. Gerade die Bettlägerigkeit scheint die Voraussetzung dafür gewesen zu sein, dass er

3 Johannes Calvin, während einer Vorlesung von dem Studenten Jacques Bourgoing gezeichnet, um 1563/64 (Bibliothèque de Genève)

die große und endgültige Neufassung der *Institutio* zustande brachte.

Am 24. Dezember 1559 blieb ihm bei der Predigt die Stimme weg, und am folgenden Tag begann er Blut zu spucken, sodass man glaubte, er habe Lungentuberkulose. Im Jahre 1561 litt er an einer schmerzhaften Gicht, und im Frühjahr 1563 quälten ihn andauernde, schlimme Nieren- oder Blasenkoliken. Er hatte Mühe, Briefe zu beantworten:

Monsieur, Ihre beiden Briefe haben mich in so schlimmem Zustande getroffen, dass es mir nicht möglich war, sie früher zu beantworten, und jetzt noch weiß ich nicht, ob ich es zustande bringe, denn die Schmerzen oder, besser, die Folterqualen einer ganz verzweifelten Kolik lassen mich nicht los. (CO 20,30; Schwarz 3,1233)

Erst zwei Wochen später, am 1. Juni, ist langsam Besserung zu spüren:

… ich wurde vierzehn Tage lang von einer so seltsam starken Kolik gequält, dass all meine Sinne und Geisteskräfte wie unbrauchbar waren vor heftigen Schmerzen. Jetzt hat mich das Übel zwar noch nicht losgelassen, aber doch hat es angefangen, geringer zu werden, sodass ich auf größere Erleichterung hoffen darf. (CO 20,34 f.; Schwarz 3,1235)

Einen Monat später, am 2. Juli 1563, konnte er dann Bullinger berichten, dass er einen «fast haselnussgroßen Blasenstein herausgebracht» habe (CO 20,302; Schwarz 3,1282). Am 27. Mai 1564, kurz vor Vollendung seines 55. Lebensjahres, verstarb Calvin in den Abendstunden; nach Bezas Bericht friedlich und bis zum letzten Moment bei klarem Verstand. Am Freitag, dem 19. Mai, hatte er noch die Pfarrer nach ihrem wöchentlichen Treffen zu sich nach Hause zum Abendessen geladen und von ihnen Abschied genommen.

14. Das reformatorische Werk und seine Weltwirkung

Sucht man die Eigenart des reformatorischen Werkes Calvins zu erfassen, sind zuerst die skizzierten frühen Prägungen und Einflüsse in Rechnung zu stellen. Ferner sind die besonderen Herausforderungen, vor die er sich gestellt sah, zu beachten. Die Frage nach der Eigenart des reformatorischen Werkes ist unlösbar verbunden mit der Frage nach den Gründen der außerordentlichen Wirkung des Reformators.

Theologie in humanistischem Geist. Als Calvin begann, die Schriften Luthers aufzunehmen, tat er das im Kontext der humanistischen Erneuerungsbewegung. Zuerst einmal hat er hier überhaupt keine Gegensätze gesehen. Vielmehr erschienen ihm Luthers reformatorische Gedanken als konsequente Fortsetzung der Anliegen der humanistischen Reformer. Gerade weil er selbst aus der humanistischen Bewegung kam, hat er sich später umso klarer abgegrenzt. Die Versuche der von ihm «Nikodemiten» genannten Reformer, innerhalb der Strukturen der römisch-katholischen Kirche zu wirken, bekämpfte er als illusorisch, gefährlich, unbarmherzig gegenüber den Opfern der päpstlichen Herrschaft und letztlich als ungehorsam gegenüber dem göttlichen Wort. Auch in der Frage der Prädestinationslehre, in der es immer auch um die Gewichtung der moralischen Möglichkeiten des Menschen ging, vollzog er eine scharfe Abgrenzung. Zugleich bleibt sein theologischer Ansatz *zeitlebens* elementar durch die humanistische Reformbewegung geprägt.

Immer und immer wieder betont Calvin, dass Ausgangspunkt, Inhalt und Kriterium allen theologischen Redens das Wort Gottes ist. Gott spricht zu uns, und darauf ist alles auszurichten. Entsprechend widmet er selbst den größten Teil seiner Arbeitsleistung der Auslegung der Heiligen Schrift, auf der Kanzel wie auf dem Lehrstuhl. Sein Selbstverständnis als Reformator und Theologe ist das eines möglichst treuen und kompetenten Schriftauslegers. Dies bedeutet für den humanistisch Geschulten, nicht nur auf das Wort zu hören, sondern es mit allen zur Verfügung stehenden Mitteln und Methoden zu verstehen zu suchen. Das beginnt mit dem Erlernen der Ursprachen Griechisch und Hebräisch, in denen die Texte verfasst sind, heißt aber auch, die biblische Rhetorik zu erschließen und fruchtbar zu machen.

Im Gefolge der Wiederentdeckung der antiken Rhetorik Ciceros und Quintilians durch die Humanisten sieht er seine Aufgabe als Theologe darin, die sprachlichen Mittel und ihren je verschiedenen Zweck – Belehrung, Erbauung, Ermahnung, Tröstung, polemische Abgrenzung usw. – in der Lehre und Predigt fruchtbar zu machen. Calvin nutzt die Schemata der Rhetorik (belehren/bewegen), um den Glauben («fides») als Ergebnis göttlicher Überredung bzw. Überzeugungsarbeit («persuasio») zu erläutern. Der Heiligen Schrift kommt dabei primär die Aufgabe der Belehrung zu; der Heilige Geist ist der, der das Herz bewegt.

Calvin arbeitet zugleich die Eigenart der biblischen Rhetorik und göttlichen Eloquenz heraus. Schlüsselkategorien biblischer Beredsamkeit («éloquence biblique») sind die Begriffe «maiestas» und «accommodatio» (Anpassung), die Calvin aus seiner Kenntnis der Beschreibung von Kommunikationsprozessen durch die Rhetorik gewonnen hatte. Der alles menschliche Verstehen übersteigende Gott muss sich der Armseligkeit des sündhaften Menschen anpassen, um verstanden zu werden. Die himmlische Lehre wird in den biblischen Texten von menschlichen Autoren verkündet, und der Prediger hat sie in der Gegenwart zu Gehör zu bringen. Predigt ist für Calvin lebendige Rede Gottes. In ihr «waltet unser Herr Jesus Christus seines Hirtenamts» (CO 51,415).

Mit der humanistischen Bewegung weist Calvin in aller Schärfe die unbiblischen und lebensfremden Spekulationen der scholastischen Theologie zurück. Das humanistisch geprägte Interesse an der lebensgestaltenden Kraft der Theologie geht so weit, dass er sogar dem Begriff «Theologie» selbst sehr kritisch gegenübersteht. In der gesamten, in der deutschen Übersetzung fast 1000 Seiten umfassenden, letzten Ausgabe der *Institutio* kommt das Wort «Theologie» nur fünfmal und dann zumeist in einem abwertenden Sinne vor. In der bereits der Erstausgabe von 1536 vorangestellten Vorrede an den französischen König wird damit die Lehre der Gegner bezeichnet, die ihr Leben lang nichts anderes täten,

> als das einfache Wort der Schrift in endlose Antithesen und mehr als sophistische Streitfragen zu verwickeln und in Fesseln zu schlagen. Wenn heute die Kirchenväter aus ihren Gräbern aufstünden und derartige Kunststücke hören müssten (die diese Leute als spekulative Theologie [«theologia speculativa»] ausgeben), sie würden alles andere eher für möglich halten, als dass hier von Gott die Rede ist. (CO 1,19; OS 1,29; CStA 1/1,89, Zl. 26–32)

Nicht zufällig nannte Calvin seine zusammenfassende Darstellung der christlichen Lehre «Unterricht in der christlichen Religion». Mit dem Begriff «religio» ist schon im Titel zum Ausdruck gebracht, dass es nicht um Spekulationen über Gott, sondern um die Beziehung von Gott und Mensch geht. Darum beginnt das Werk auch mit der programmatischen Formulierung, dass es keine Gotteserkenntnis ohne Selbsterkenntnis gebe. Bereits Bucer und der ebenfalls humanistisch geprägte Melanchthon hatten hier die Richtung vorgegeben. In der Einleitung zu seiner Darstellung der christlichen Lehre hatte Melanchthon 1521 betont, dass nicht irgendwelche spekulativen Dogmen abgehandelt werden sollten, sondern das, was uns zum Heil notwendig ist. «Christus erkennen, heißt, seine Wohltaten erkennen!» Calvin ist den von Melanchthon beschrittenen Weg konsequent weitergegangen.

Juristisches Erbe. Die Prägungen, die Calvin in seinem Jurastudium empfangen hat, überschneiden sich mit denen aus dem Bereich des Humanismus. Für alle drei aufgezeigten Bestrebungen der humanistischen Jurisprudenz (siehe oben Seite 22–26) lassen sich Entsprechungen in Calvins späterem Wirken als Theologe finden. Der historisch-kontextuellen Erarbeitung des römischen

Rechts entspricht das lebenslange Bemühen um eine philologisch kompetente Klärung des Bibeltextes. Das Bestreben, das römische Recht von seinen Grundgedanken und -begriffen her zu verstehen, findet eine Parallele in Calvins immer wieder neu überarbeiteter, systematischer Darstellung der Grundgedanken der christlichen Lehre in der *Institutio*. Auch das ethische Interesse der humanistischen Jurisprudenz bleibt präsent in dem Gewicht, das Calvin Fragen von Ethik und Kirchenordnung zumisst.

Der für Calvins Bibelauslegung zentrale Begriff der «accommodatio» angesichts des Auseinanderklaffens der menschlichen Wirklichkeit und der Majestät Gottes und seines Gesetzes entspricht im Ansatz der von den humanistisch orientierten Juristen ins Zentrum ihrer Gesetzesauslegung gerückten Lehre der «aequitas». Die Frage nach dem Gerechtigkeitsgehalt eines Gesetzes war für die humanistische Jurisprudenz zentral. Ihr ging es darum, den Sinn einer gesetzlichen Regelung im Gesamtzusammenhang zu klären. Das jeweilige Gesetz war den besonderen Umständen entsprechend zu interpretieren und gegebenenfalls zu mildern, damit eine wörtliche Auslegung nicht als «summum ius» im Einzelfall zu Ungerechtigkeit führe.

Darüber hinaus sind elementare Anliegen des reformatorischen Wirkens Calvins durch seine rechtswissenschaftliche Ausbildung beeinflusst. Das dürfte für den im Vergleich zu Luther positiveren Gesetzesbegriff ebenso zutreffen wie für das Interesse an der lebensgestaltenden Dimension der biblischen Texte insgesamt. Das Verhältnis von Schöpfer und Geschöpf wird mit juristisch geschultem Blick beschrieben. Der Begriff der Souveränität und entsprechend auch die Souveränität Gottes beziehen sich nicht im mittelalterlichen Sinne primär auf die uneingeschränkte Richtgewalt. Vielmehr umfasst Souveränität im Sinne der frühmodernen Staatslehre gerade auch die Gesetzgebungsgewalt. Gott ist König, Richter, Gesetzgeber und Retter in einem (Inst. IV, 10, 7). Während für Luther die Frage nach dem gnädigen Gott entscheidend ist, hat Calvins reformatorischer Aufbruch wesentlich das Ziel, die rechte Gottesverehrung wiederherzustellen. So hat Calvin dies als entscheidenden Grund für seinen Übergang vom römischen Katholizismus zur

Reformation genannt (vgl. CO 11,485 f.). Zwar sind hier auch humanistische und paulinisch-johanneische Traditionen wirksam, in denen das Geistsein Gottes herausgestellt wird, aber der spezifisch juristische Hintergrund dieser Ausrichtung ist nicht zu übersehen. Der Sinn des ersten Gebotes lautet nach Calvin:

Gott will in seinem Volk ganz allein groß sein und sein Recht voll und ganz ausüben. Dazu soll nach seinem Gebot alle Unfrömmigkeit von uns weichen und aller Aberglaube, der die Herrlichkeit seiner göttlichen Majestät mindert oder verfinstert. Und aus dem gleichen Grunde gebietet er uns, ihn mit wahrer Frömmigkeit zu verehren und anzubeten. Das ergibt sich schon aus dem schlichten Wortsinn; denn wir können ihn nicht zum Gott haben, ohne ihm zugleich alles zuzueignen, was ihm gehört. (Inst. II,8,16)

Die Rechtfertigung sola fide ist nicht nur um der Heilsgewissheit der Glaubenden willen zu lehren, sondern insbesondere auch darum, dass der Ehre Gottes Recht widerfährt und das heißt, dass das Heil allein Werk Gottes ist. Dem Menschen könne «nicht das Geringste zugesprochen werden, ohne dass Gott die Ehre geraubt» werde (Inst. II,2,1). Ausdrücklich betont Calvin, dass die Rechtfertigung des Sünders der Ehre Gottes und der Offenbarung seiner Gerechtigkeit diene und darum derjenige, der sich seiner eigenen Gerechtigkeit rühmt, Gott die Ehre raube (vgl. Inst. III,13,1 f.).

In der Vorsehungs- und Vorherbestimmungslehre spitzt er das augustinische Erbe entsprechend zu. Nicht nur die Erwählung, sondern auch die Verwerfung hat ihr Ziel in der Vermehrung der Ehre und dem Ruhm Gottes («gloria Dei»). Die Verworfenen «sind nach Gottes gerechtem, aber unerforschlichem Gericht dazu erweckt, durch ihre Verdammnis seinen Ruhm zu verherrlichen» (Inst. III,24,14, CO 2,724; OS 4,426).

Die Formel, die in der *Institutio* die Grundrichtung der Ethik angibt, die Selbstverleugnung, wird mithilfe juristischer Terminologie und des Hinweises auf den Rechtsanspruch Gottes auf das gesamte menschliche Leben erläutert (vgl. Inst. III,7,1 f.). Alles Handeln des Menschen hat sich am Recht des Schöpfers auf das Leben seiner Geschöpfe auszurichten.

Nun können wir auch gleich sehen, was wir aus dem Gesetz lernen sollen. Eben dies: Gott ist unser Schöpfer und deshalb hat er auch Vater- und Herrenrecht an uns. Darum gebührt ihm von uns aus Ruhm, Ehrfurcht, Liebe und Furcht. Wir sind also nicht unsere eigenen Herren, sollen nicht der Lust folgen, wohin sie uns treibt, sondern allein von seinem Winke abhängen und in dem bleiben, was ihm wohlgefällt. (Inst. II,8,2; CO 2,267; OS 3,344)

Die planmäßige Orientierung allen menschlichen Handelns an der gloria Dei wird bei Calvin wie auch dann im späteren Calvinismus zu einem machtvollen ethischen Antrieb. Die Konzentration der Ausrichtung auf dieses eine, allumfassende Ziel hat unabhängig von Einflüssen auf die materiale Ethik eine Verschärfung der Inanspruchnahme des Menschen zur Folge. Jede einzelne Handlung ist so zu gestalten, dass sie dem großen Ziel dient, um dessentwillen Schöpfung und menschliches Leben überhaupt nur sind (vgl. Strohm 1996, 286–316).

Prägungen: Mit Luther und Bucer zurück zu Paulus und Augustin. Calvin war in jungen Jahren als «Luthérien» verfolgt worden und hat seine *Institutio* und andere frühe Werke in Anlehnung an Luthers reformatorische Schriften verfasst. Auch später äußerte er sich Luther gegenüber dankbar und verteidigte dessen Anliegen in den innerprotestantischen Auseinandersetzungen um das Abendmahlsverständnis. Erst die Angriffe der sog. Gnesiolutheraner in der Folge des *Consensus Tigurinus* führten zu Distanzierungen. Die bald einsetzende Konfessionalisierung hat die bleibende Nähe Calvins zu Luther verdeckt.

Wie bei Luther sind die Briefe des Paulus zentral für Calvins Verständnis der biblischen Botschaft. Mit dem Wittenberger Reformator verbindet Calvin ferner die Wiederentdeckung Augustins und seiner Lehren über Gnade und Prädestination. Seit den Straßburger Jahren 1538 bis 1541 treten wichtige Einflüsse Bucers hinzu (siehe oben Kapitel 8.). Nicht nur in Fragen der Gottesdienstgestaltung, der Liturgie und der Kirchenzucht oder den innerprotestantischen Ausgleichsbemühungen ist Calvin Bucer gefolgt, sondern auch bei der Behandlung grundlegender theologischer Lehren.

Für Luther ist die rechte Unterscheidung von Gesetz und Evangelium von zentraler Bedeutung. Wahrheitsgemäße Theologie beruht geradezu darauf, dass Gesetz und Evangelium nicht vermischt, sondern recht unterschieden werden. Das Gesetz hat abgesehen von der politischen Funktion, für Recht und Ordnung zu sorgen, die Aufgabe, den Menschen seiner Sündhaftigkeit zu überführen und ihn so dazu bereit zu machen, alles von der Barmherzigkeit Gottes zu erwarten. Dieser überführende Gebrauch («usus elenchticus legis») ist für Luther der entscheidende Gesetzesgebrauch, der theologische Gebrauch des Gesetzes («usus theologicus legis»). Im Unterschied dazu betont Calvin seit der zweiten, während des Straßburger Aufenthalts entstandenen Ausgabe der *Institutio* wie Bucer den wegweisenden Gebrauch des Gesetzes im Leben der Wiedergeborenen. «Der dritte Gebrauch, der der vornehmste ist und das eigentliche Ziel des Gesetzes in den Blick nimmt, bezieht sich auf die Glaubenden, in deren Herzen schon der Geist Gottes herrscht» (Inst. 1539, Kap. 3,101, CO 1,433). Der Anspruch der Reformierten, anders als Luther und die lutherische Reformation nicht bei der Reformation der *Lehre* stehen zu bleiben, sondern auch die Reformation des *Lebens* in Angriff zu nehmen, fand hier eine wichtige theologische Begründung.

Ein weiterer inhaltlicher Schwerpunkt des Einflusses Bucers auf Calvin und zugleich ein charakteristisches Merkmal späterer reformierter Theologie ist die Betonung der Einheit von Altem und Neuem Testament. Bucer hatte in seiner Auseinandersetzung mit den Täufern in Straßburg und Hessen ähnlich wie Zwingli und Heinrich Bullinger in Zürich die Kontinuität von altem und neuem Bund herausgestellt. Gegen die Auffassung der Täufer, dass nur der Erwachsene bewusst glauben könne und darum zu taufen sei, betonte Bucer die Kontinuität der Taufe als Sakrament des neuen Bundes mit der Beschneidung als Bundeszeichen des alten Bundes. Da diese ja offensichtlich an Neugeborenen vorgenommen werde, sei auch die Kindertaufe theologisch wohlbegründet. Calvin hat die entsprechenden Ausführungen Bucers weitgehend in seine überarbeitete *Institutio* von 1539 übernommen (vgl. Inst. 1539, Kap. 7,

CO 2,801–830). Wie Bucer versteht er den Unterschied zwischen neuem und altem Bund als nicht grundsätzlich, sondern nur relativ.

Die vielleicht grundlegendste theologische Gemeinsamkeit Bucers und Calvins ist ihr Interesse an Erwählung und Geistwirken Gottes. Auch Luther hatte in seiner gegen Erasmus gerichteten Schrift *Über den unfreien Willen* von 1525 die Auffassung vertreten, dass alles menschliche Heil an Gottes Vorherbestimmung und nicht an irgendwelchem menschlichen Mitwirken hänge. Zugleich hatte er aber jede weitere Spekulation in dieser Hinsicht abgelehnt. Vielmehr drängte er darauf, dass man sich an die Verheißung des biblischen Wortes, die allen gelte, die es glaubend ergriffen, halten solle.

Bucer geht hier wie dann auch Calvin etwas andere Wege. Ausgehend von den biblischen Texten im Epheser- und Römerbrief und beeinflusst durch Augustin betonen beide das erwählende Handeln Gottes. Dieses bilde zusammen mit dem Geistwirken Gottes den Ausgangspunkt des Heils des Menschen. Das Predigtgeschehen ist nicht in gleicher Weise im Zentrum wie bei Luther. Dieser hatte hier geradezu eine Verleiblichung des Gotteswortes in den Menschenworten gesehen und entsprechend den Anfang des Heils darin gesehen, dass der Glaubende das Verkündigungswort ergreift und für sich gelten lässt. Bucer und ähnlich Calvin betonen anders als Luther, dass Glauben auch allein durch den Geist ohne das Wort entstehen könne.

Man kann in dem Interesse am verborgenen Geisthandeln Gottes bei Bucer und Calvin das gemeinsame humanistische Erbe am Werk sehen. Bucers Einfluss auf Calvins Überlegungen zur Vorherbestimmung und Providenz ist jedoch sehr wahrscheinlich. Denn das entsprechende Kapitel findet sich eben in der in Straßburg entstandenen Überarbeitung der *Institutio* von 1539 zum ersten Mal (vgl. Inst. 1539, Kap. 8, CO 1,861–902).

Majestät Gottes und Gemeinschaft mit Christus. Die Analyse der Calvins Werk prägenden Einflüsse öffnet den Blick auf die Tiefenstrukturen seiner Theologie. Ihre eigentliche Kraft liegt in dem spannungsvollen Miteinander zweier schon traditionsge-

schichtlich unterschiedlicher Grundlinien. Zum einen betont er
die alles menschliche Begreifen übersteigende und allem Kreatür-
lichen gegenüberstehende Majestät Gottes. Zum anderen ist das
Zentrum der christlichen Existenz – Inhalt wie Gestaltwerdung
des Glaubens – die innige Gemeinschaft mit Christus. Die Archi-
tektonik der letzten zu Lebzeiten erschienenen lateinischen Ausgabe der *Institutio* von 1559 zeigt die produktive Spannung der
beiden Pole der Theologie Calvins. Im ersten der vier Bücher der
Institutio beginnt Calvin mit einer Darstellung der alles menschliche Begreifen übersteigenden Größe Gottes, seines Eigentums-
rechts auf das Leben seiner Geschöpfe und seines alles vorherbe-
stimmenden Handelns. Auf dem Hintergrund der armseligen Erfahrung der menschlichen Sündhaftigkeit und der von dem
Exulanten Calvin wohl in aller Schärfe empfundenen Kontingenz
menschlicher Wirklichkeit erscheint das umso eindrucksvoller.

Calvin erörtert nun aber gerade nicht einen abstrakten
Gottesbegriff, sondern hält sich im zweiten Buch strikt an den
Gott, der sich uns gemäß den biblischen Texten in Jesus Christus
greifbar macht (akkomodiert). Entscheidend ist, dass Calvin
auch hier nicht bei der Darlegung des Werkes Christi stehen-
bleibt, sondern alles Gewicht auf das Teilhaftig-Werden an der
Gnade Christi, die «unio cum Christo», legt. Die beiden weiteren
Bücher der *Institutio*, die das erste und zweite Buch um ein Mehr-
faches an Umfang übertreffen, gehen von der Vorstellung des
Glaubens als geistgewirkter Christusgemeinschaft aus und erläutern diese eingehend in den verschiedensten Dimensionen. Das
dritte Buch der *Institutio* handelt von der Art und Weise, wie wir
der Gnade Christi teilhaftig werden und welche Früchte uns daraus erwachsen, und das vierte Buch spricht «über die äußeren
Mittel, mit denen uns Gott zu der Gemeinschaft mit Christus ver-
hilft». Calvin formuliert selbst ausdrücklich:

Bei uns steht also jene Verbindung des Hauptes mit den Gliedern, jene
Einwohnung Christi in unseren Herzen, kurz, jene verborgene Einung
(«mystica unio») an höchster Stelle, dass also Christus unser eigen wird
und uns der Güter, die er selber inne hat, teilhaftig macht! (Inst. III,11,10,
OS 4,191, Zl. 27–31) Christus ist nicht außer uns, sondern wohnt in uns,
er bindet uns nicht nur durch ein unzerreißbares Band der Gemeinschaft

an sich, sondern wächst durch eine wundersame Gemeinschaft von Tag
zu Tag mehr mit uns zu einem Leibe zusammen, bis dass er ganz mit uns
eins wird. (Inst. III,2,24, OS 4,35, Zl. 7–11)

Die Einung mit Christus, deren Urheber der Geist und deren
Form und Ausdruck auf Seiten des Menschen der Glaube ist,
bildet den Ausgangspunkt der folgenden Ausführungen der *Institutio*. Fast alle weiteren Lehrstücke werden auf die im Glauben sich ereignende Christusgemeinschaft zurückgeführt. In
ähnlicher Weise hatte er auch bereits bei seinen Versuchen, in
den innerprotestantischen Abendmahlsstreitigkeiten zu vermitteln, als eigentliche Frucht des Abendmahls die Gemeinschaft
mit Christus bezeichnet (siehe oben Seite 57).

Gerade weil Calvin die alles menschliche Begreifen übersteigende Majestät Gottes betont, erscheint die «unio mystica cum
Christo», die verborgene Einung mit Christus, umso wunderba-
rer. Die Tatsache, dass nicht einfach die Christologie, sondern
ihre soteriologische Zuspitzung in der geistgewirkten Christusgemeinschaft den Ziel- und Mittelpunkt der *Institutio* darstellt,
zeigt nicht nur ein weiteres Mal die humanistischen Prägungen
der Theologie Calvins. Sie verbindet Calvin auch aufs Stärkste
mit Luther. Seit der Erstausgabe der *Institutio* bleibt er an diesem, von Luther in seiner frühen Programmschrift *Von der Freiheit eines Christenmenschen* entwickelten Grundgedanken (vgl.
WA 7,25 f.) orientiert. Die bald einsetzende Konfessionalisierung mit ihrer Fixierung auf die innerprotestantischen Diffe-
renzlehren hat diesen Sachverhalt bis ins 20. Jahrhundert hinein
verdeckt. Calvin zeigt sich als Schüler Luthers, der dessen Anliegen angesichts der eigenen, neuen Herausforderungen eigen-
ständig weitergedacht hat. Es war die verborgene Gemeinschaft
mit Christus, die dem Exulanten, der zeitlebens sein Werk und
sich selbst in elementarer Weise bedroht sah, Halt gab. Und sie
war der entscheidende Gegenpol, der angesichts der konsequent
entfalteten Logik des Gottesbegriffs mit ihrer Betonung der er-
schreckenden Majestät Gottes, Trost geben konnte.

Bei dem als geistgewirkte Christusgemeinschaft verstandenen
Glauben hat Calvin allerdings weniger als Luther die Rechtferti-

gung angesichts der Angst vor der drohenden Verdammung, wie sie die mittelalterliche Frömmigkeit beherrscht hatte, im Blick. Vielmehr geht es ihm darum, sich demütig und uneingeschränkt der Vorsehung Gottes angesichts einer sich im Umbruch befindenden, scheinbar ziellos sich verändernden und kontingent gewordenen Welt anzuvertrauen. Gerade der ins Exil verschlagene Calvin hatte dafür einen wachen Blick. Und hier muss man wohl einen der Gründe für die enorme Attraktivität der Theologie Calvins in den Krisen am Beginn der Moderne suchen.

Ausbreitungslinien. Aufschlussreiche Hinweise auf die Wirkungsgeschichte der Gedanken Calvins gibt die Zahl der Drucke seiner Werke (vgl. Gilmont/Peter 1991–2000). Ab den vierziger Jahren ist Calvin mindestens bis zum Ende des 16. Jahrhunderts der Autor unter den Vertretern des reformierten Protestantismus, dessen Werke am häufigsten gedruckt wurden. In den dreißiger Jahren war es noch Bullinger gewesen. In den vierziger Jahren kommen 93 Ausgaben Calvins zum Druck, in den fünfziger Jahren 117, in den sechziger Jahren sogar 134. Die frühe Druckgeschichte gibt auch Hinweise auf die regionalen Schwerpunkte der Ausbreitung von Calvins Gedankengut. 152 international wirksamen lateinischen Drucken stehen 209 französischsprachige, vor allem in den fünfziger und sechziger Jahren gedruckte Ausgaben zur Seite. Mit großem Abstand folgen die 67 englischsprachigen und 29 deutschsprachigen Drucke. Angesichts des kleinen Sprachraums ist die Zahl von 15 niederländischen Drucken bemerkenswert. Dann folgen elf im Zeitraum vor der einsetzenden Gegenreformation gedruckte italienische, zwei spanische, zwei tschechische und eine polnische Übersetzung.

Neben den gedruckten Schriften spielte der kontinuierliche, umfangreiche Briefwechsel eine wichtige Rolle bei der Ausbreitung der Reformation Calvins. Schon 1575 brachte sein Nachfolger eine Sammlung von 400 Briefen Calvins zum Druck. Die Hälfte der Briefe ist an französische Adressaten gerichtet, die übrigen an Schweizer, Deutsche, Polen, Engländer, Italiener und Angehörige anderer Nationalitäten Europas. Heute sind noch ungefähr 1370 Briefe Calvins erhalten.

Nach Calvins Tod breitete sich der von seinen Lehren geprägte Protestantismus zügig aus. In den folgenden fünf Jahrzehnten konnte keine andere der sich nun herausbildenden
Konfessionen ähnlich schnelle und umfangreiche Erfolge erzie-
len. Auch in der entstandenen Konkurrenz mit dem lutherischen
Protestantismus erwies sich der calvinistisch-reformierte Protestantismus als «überlegen». Zuerst einmal wirkten Calvins Gedanken in der französischen Heimat; insbesondere die Akademie und Calvins Nachfolger Beza sorgten dort für ihre bleibende
Wirkung. Durch das Edikt von Nantes 1598 erlangten die Protestanten in Frankreich zwar eine gewisse Duldung. Die anhal-
tenden Verfolgungen und die Aufhebung des Edikts von Nantes
durch Ludwig XIV. im Jahre 1685 führten jedoch zu einem bei-
spiellosen Exodus der Protestanten aus Frankreich. Dies trug
wiederum wesentlich zur Ausbreitung von Calvins Gedankengut in England, den Niederlanden, Deutschland und Nordamerika bei.

Unter den frühen Ausbreitungsgebieten ist aber zuerst *Schottland* zu nennen. Hier wirkte mit John Knox ein außerordentlich
energischer Reformator, der bei Calvin in Genf studiert hatte.
1560 wurde die in Calvins Geist verfasste *Confessio Scotica* ver-
abschiedet, und 1592 anerkannten König und Parlament eine
den Genfer Vorgaben entsprechende Kirchenordnung. In den
Niederlanden verband sich die von Calvins Gedankengut geprägte reformatorische Bewegung aufs Engste mit dem Unabhän-
gigkeitskampf gegen die spanische Herrschaft. Gerade in der Situation der Verfolgung erwies sich Calvins Betonung der Eigenständigkeit der Kirche gegenüber dem Staat und seine auf
Weltgestaltung ausgerichtete Theologie wirkmächtig, sodass sich
die Niederlande in diesen Jahrzehnten zum Zentrum des Calvinismus in Europa entwickelten. Als die nördlichen Niederlande
1608 vorläufige Unabhängigkeit erlangten, wurde die calvinistisch orientierte reformierte Kirche dort zu einer Art Staatskir-
che. Die Generalsynode der reformierten Gemeinden der Niederlande, die zwischen November 1618 und Mai 1619 in Dordrecht
unter starker internationaler Beteiligung stattfand, war das entscheidende Datum der Formierung und Ausbreitung des Calvi-

nismus. Denn hier wurde die Auseinandersetzung zwischen den Vertretern einer humanistisch-moralistisch modifizierten Prädestinationslehre und den Anhängern einer von Gottes ewigem Ratschluss ausgehenden und die Perseveranz einschließenden Prädestinationsvorstellung zugunsten der Letzteren entschieden.

Im *Heiligen Römischen Reich Deutscher Nation* wurde die Kurpfalz seit den sechziger Jahren des 16. Jahrhunderts zum frühen und wichtigen Zentrum des calvinistisch-reformierten Protestantismus. 1563 ließ Kurfürst Friedrich III. durch den Melanchthon-Schüler Zacharias Ursinus den *Heidelberger Katechismus* erstellen, der das wichtigste Dokument des in Deutschland vorherrschenden «philippistischen Calvinismus» wurde. Dieser zeichnete sich durch einen starken Einfluss Philipp Melanchthons und insbesondere eine Milderung des Gegensatzes zum Luthertum in der Abendmahls- und Prädestinationslehre aus. Ursinus und der Calvin-Schüler Caspar Olevian konnten sich gegen die Vertreter Züricher Positionen in Heidelberg, insbesondere Thomas Erastus, durchsetzen. An der 1584 von dem Nassauer Grafen gegründeten Hohen Schule in Herborn ist Johannes Piscator durch Bibelkommentare und eine Bibelübersetzung im Geiste Calvins hervorgetreten. Neben ihm suchte der Jurist Johannes Althusius eine politische Theorie und Rechtslehre im Geiste des Calvinismus zu entfalten. Von weitreichender Wirkung waren die enzyklopädischen Schriften Johann Heinrich Alsteds. Auch am Niederrhein, in Ostfriesland, Hessen-Kassel, Anhalt, Lippe und Brandenburg konnte der Calvinismus an Boden gewinnen. Die Ausbreitung der Theologie Calvins im lutherischen Kursachsen, der sog. Kryptocalvinismus, wurde hingegen durch mehrere Verfolgungswellen beendet. Als im Jahr 1613 der brandenburgische Kurfürst Johann Sigismund zum calvinistisch-reformierten Protestantismus übertrat, konnte er bereits nicht mehr – wie eigentlich im Augsburger Religionsfrieden von 1555 vorgesehen – den Konfessionswechsel der Bevölkerung seines Territoriums durchsetzen. Die Bevölkerung blieb in der Mehrheit lutherisch. Der Calvinismus war in Brandenburg lange Zeit ein Elitenphänomen.

Von Schottland, Genf und den Niederlanden aus fanden Calvins Gedanken in *England* in Gestalt des Puritanismus große

Verbreitung. Dieser bildete sich als Partei innerhalb der anglika-
nischen Kirche, die der maßvollen Reformation in der Zeit der
Herrschaft Elisabeths I. (1533–1603) seit 1558 kritisch gegenü-
berstand. Thomas Cartwright forderte im Sinne des Calvinismus
eine am biblischen Vorbild orientierte synodal-presbyterial gestaltete Kirchenordnung. William Perkins entwickelte Calvins
Anliegen der Reformation des Lebens zur Praxis einer an der Bibel orientierten Gewissensbeobachtung weiter. In den vierziger
Jahren des 17. Jahrhunderts beherrschten die Puritaner die Westminster Assembly (1643–1649), welche die *Westminster Confession* verabschiedete. Lord Protector Oliver Cromwell zog den
moderaten Presbyterianern die radikaleren Kongregationalisten
vor. In der Zeit der Restauration durch König Charles II. (1660–
1685) wanderten Presbyterianer und Kongregationalisten in
großer Zahl nach *Nordamerika* aus. Schon vorher waren viele
Puritaner der drohenden Verfolgung entflohen, so die Pilgrim-
fathers, die 1620 Massachusetts gründeten. Zusammen mit niederländischen Flüchtlingen und irisch-schottischen Siedlern
prägten sie die Entstehung der amerikanischen Demokratie.
Auch wurden Calvins Gedanken durch sie in nichtcalvinistischen
Kirchen, zum Beispiel bei den Baptisten, wirksam.

Kulturwirkungen.   Der reformierte, von Calvin (mit-)geprägte
Protestantismus war ein außerordentlich vielgestaltiges Phäno-
men. Es ist geradezu charakteristisch, dass die calvinistisch-reformierte Form des Protestantismus in völlig unterschiedlichen Situationen Gestaltungskraft erlangen konnte. Neben der von den
Fürsten vorangetriebenen Reformation gab es zugleich Flüchtlingsgemeinden, die ihre Lehren und Lebensformen gerade in
Distanz bzw. im Gegensatz zur weltlichen Obrigkeit entwickelten. In beiden Konstellationen, der obrigkeitlich verordneten Reformation wie auch den Flüchtlingsgemeinden, konnten Calvins
Lehren gestaltend wirken. Der klassische Calvinismus – definiert
durch die fünf Kennzeichen: völlige Verderbtheit des Sünders, be-
dingungslose Erwählung, unwiderstehliche Gnade, begrenzte
Versöhnung, Beharrlichkeit der Heiligen – ist nur ein Teil der
Wirkungsgeschichte des reformatorischen Werks Calvins.

Die kulturgeschichtlichen Wirkungen der Lehren Calvins erfolgten in großer Übereinstimmung mit denen Luthers. Die Besonderheiten dürfen nicht überbewertet werden. Dies ist den alten, konfessionalistisch geprägten Deutungen ebenso wie den soziologischen Arbeiten Max Webers und Ernst Troeltschs entgegenzuhalten. Hier hatte man ein nur auf Innerlichkeit ausgerichtetes, politisch eher passives bzw. obrigkeitshöriges Luthertum dem gestaltungswilligen, obrigkeitskritischen Calvinismus entgegengesetzt. Die moderne Konfessionalisierungsforschung hat demgegenüber die strukturellen Gemeinsamkeiten der drei Hauptkonfessionen, des Luthertums, des Reformiertentums und auch des tridentinischen Katholizismus in der Frühen Neuzeit, hervorgehoben.

Calvin hat wie Luther das Herrschaftsrecht der weltlichen Obrigkeit betont und nur in äußerst begrenzten Fällen den Untertanen ein Widerstandsrecht zugebilligt. Nicht zuletzt durch Bucer angeregt, hat Calvin eingehender als Luther das Widerstandsrecht der untergeordneten Magistrate erörtert. Seine Nachfolger haben dann in den Bedrängnissen der Verfolgungen in Frankreich und den spanischen Niederlanden weitergehende Theorien zur Begründung des Widerstandsrechts entfaltet. Unter Calvins Schülern ist aber das Recht der weltlichen Obrigkeit gegen die Herrschaftsansprüche des Papstes nicht weniger stark betont worden als im Luthertum. Der Unterschied zwischen den lutherischen und den calvinistischen Diskursen zur Widerstandsrechtsbegründung liegt im Wesentlichen darin, dass Erstere eher von Theologen in einem apokalyptischen Horizont formuliert worden sind, Letztere von Juristen bzw. juristisch gebildeten Autoren. Dass schon Autoren des 17. Jahrhunderts (wie Hermann Conring und Samuel Pufendorf) den Calvinismus als obrigkeitskritisch und tendenziell rebellisch bezeichnet haben, lässt sich wie folgt erklären: Im Reich nahm man Lebensäußerungen des calvinistisch-reformierten Protestantismus primär in Gestalt des monarchomachischen Schrifttums, das nach den Massakern an den Protestanten im Jahre 1572 entstanden war, und im Kontext des Aufstandes gegen die spanischen Herrscher in den Niederlanden wahr.

Mehrere Grundentscheidungen der Theologie Calvins wirkten sich Demokratie-fördernd aus. Die Betonung der Macht der
Sünde nicht nur über das Volk, sondern ebenso über die Inhaber
staatlicher Gewalt erfordert die Kontrolle von deren Machtbefugnis. Das Herausstellen der Souveränität und Freiheit Gottes
begrenzt tendenziell die Souveränität weltlicher Herrschaft. Die
presbyterial-synodale Leitungsstruktur in der Kirche, die von
Anfang an charakteristisch für den calvinistisch-reformierten
Protestantismus war, hat vorbildlich für die Herausbildung der
Institutionen repräsentativer Demokratie gewirkt. In Nordamerika führte die Berührung mit den Nachfahren des linken Flü-
gels der Reformation (Spiritualisten) zu einer Ausgestaltung des
bei Calvin und seinen frühen Nachfolgern eher randständigen
Toleranzgedankens.

Calvin hat seine Theologie und Ethik in einem wirtschaftlich
prosperierenden Kontext formuliert. Schon darum werden die
Fragen von frühindustrieller Produktion, Handel und Geldwirt-
schaft ausgehend vom göttlichen Gesetz (Diebstahlsverbot) in
besonderer Weise thematisiert. Das kanonische Verbot der Zins-
nahme wird aufgehoben, auch wenn deren Praxis streng nach
dem Kriterium der Billigkeit und Liebe zu regeln ist. Max Weber hat den «Geist des Kapitalismus» auf die dem Calvinismus
eigene innerweltliche Askese und das mit der Prädestinationslehre verbundene Streben, im wirtschaftlichen Erfolg Zeichen
und damit Gewissheit der Erwählung zu finden, zurückgeführt.
Die von ihm angeführten Belege stammen jedoch aus dem eng-
lisch-amerikanischen Puritanismus des 17. und 18. Jahrhunderts (Richard Baxter, Benjamin Franklin), als sich der Calvinismus bereits mit anderen Geistesströmungen vermischt hatte.
Gleichwohl förderten calvinistische Grundsätze die Ausbreitung
kapitalistischer Wirtschaftsformen. Die Ausrichtung des gesamten Lebens auf die rechte Gottesverehrung und die Vermehrung
seines Ruhmes als Schöpfer bedingten eine Haltung innerwelt-
licher Askese sowie die planmäßige Organisation und Diszipli-
nierung der Lebensgestaltung.

Wie Luther hat Calvin entscheidend dazu beigetragen, die
mittelalterliche Abwertung des weltlichen Standes zugunsten

des geistlichen zu überwinden. Der weltliche Beruf ist nicht weniger als Gottesdienst zu verstehen als irgendwelche geistlichen Übungen. Der Antiklerikalismus der calvinischen Reformation ist noch ausgeprägter als der der lutherischen. Dabei spielen neben Calvins Persönlichkeit auch die zugespitzten Konfrontationssituationen, in denen sich die Reformation in Westeuropa formierte, eine Rolle.

Calvin hat, juristisch geschult und humanistisch geprägt, in großer Konsequenz das Anderssein, die Transzendenz Gottes gegenüber der Welt herausgearbeitet. Dem hatte die nach den biblischen Vorgaben gestaltete, geistliche Gottesverehrung gerecht zu werden. Aberglauben («superstitio») als religiöse Überhöhung von Irdischem und jede Art von Vermischung von Gott und Welt hat Calvin entschieden bekämpft. Er und vor allem seine Nachfolger sahen in der lutherischen Lehre von der menschlich-leiblichen Präsenz Christi im Abendmahl und in der mangelnden Befolgung des Bilderverbots eine entsprechende Verletzung des biblischen Redens von Gott. Ihnen selbst wurde wiederum von lutherischen Theologen Rationalismus vorgeworfen. Aber es war eben dieses hohe Maß an Rationalität in der Rede von Gott ebenso wie im Umgang mit der Welt, das die Eliten in der Frühen Neuzeit an Calvins Reformation besonders anzog. Das trifft im Besonderen für Juristen zu; sie lösten im Verlauf des 16. Jahrhunderts die Kleriker als führende Intellektuelle ab und spielten die entscheidende Rolle bei der Ausbildung des frühmodernen Territorialstaates. Man kann zum Beispiel am Übergang der Kurpfalz zum calvinistisch-reformierten Protestantismus beobachten, dass es vielfach jüngere, sehr gut ausgebildete Juristen waren, die diese Entwicklung vorantrieben. Die Theologie Calvins entsprach – ähnlich wie die Theologie Melanchthons – der im Rahmen der beruflichen Arbeit eingeübten Rationalität und förderte selbst wiederum die Mentalität eines rationalen Umgangs mit der Welt. Es war eben kein Zufall, sondern durchaus repräsentativ, wenn man Gebildetsein mit Calvinistisch-sein gleichsetzte.

Eine weitere Besonderheit der Reformation Calvins ist das starke Gewicht, das hier auf Lebensgestaltung, Kirchenordnung und Kirchenzucht gelegt wurde. Der Anspruch Calvins und des reformierten Protestantismus insgesamt war es, die von Luther begonnene Reformation fortzusetzen. Der Reformation der *Lehre* sollte die Reformation des *Lebens* folgen. Calvin brachte aufgrund seiner Ausbildung als Jurist hervorragende Voraussetzungen mit, um dieses Programm konsequent umzusetzen. Seine ganze Persönlichkeit war darauf ausgerichtet, hier keine falschen Kompromisse einzugehen. «Dieses gegenwärtige Leben ist zum Kämpfen bestimmt», schrieb Calvin einmal mit Blick auf die Genfer Widerstände an seinen Freund Farel (CO 11,91; Schwarz 1,161). Der eminente Gestaltungswille Calvins und des von ihm geprägten Protestantismus finden die theologische Begründung darin, dass hier der *wegweisende* Gebrauch des Gesetzes im Leben der Christen als der wichtigste angesehen wurde. Was den Lutheranern als gefährliche Gesetzlichkeit und Tendenz zur Moralisierung galt, entfaltete in den krisenhaften Umbrüchen des 16. und 17. Jahrhunderts eine besondere Dynamik. Der Gestaltungs- und Reglementierungsbedarf am Beginn der Moderne fand in keiner anderen Konfession ein so unmittelbares Echo wie im calvinistisch-reformierten Protestantismus.

Die Wirkungskraft, die der Gestaltungswille der Reformation Calvins entfaltete, hat – kulturgeschichtlich gesehen – eine problematische Kehrseite. Der produktive und am Beginn der Moderne ausgesprochen attraktive Anspruch einer Fortsetzung der Reformation der Lehre durch die Reformation des Lebens bedeutete die religiös begründete Forderung einer ganz bestimmten Lebensgestaltung. Das Handeln des Menschen wie die institutionellen Gestalten kirchlichen Lebens waren unmittelbar an religiösen – vorgeblich biblischen – Normen bzw. Bekenntnissätzen auszurichten. Für individuelle Gewissensentscheidung in der Lebensgestaltung war hier praktisch kein Platz. Zusammen mit Calvins, aus einem dauernden Bedrohungsgefühl gespeisten Kampf um Reinheit und Einheit der Lehre konnten die kulturhistorischen Folgen die mentale Förderung von Intoleranz sein. Das war insbesondere dann der Fall, wenn man sich wie Calvin mit den alttestamentlichen Vätergestalten identifizierte. Zugleich gehörten zur Reformation Calvins von Anfang an die Erfahrung der Verfolgung und das Ringen um Tolerierung der eigenen religiösen Auffassungen. Calvins reformatorisches Engagement begann mit der Flucht vor Verfolgung, und er blieb sein Leben lang ein um des Glaubens willen Exilierter. Ein Oliver Cromwell mit seiner Politik der Eliminierung der Gegner gehört ebenso zur kulturellen Wirkungsgeschichte der Reformation Calvins wie die Puritaner, die in Nordamerika Gewissens- und Religionsfreiheit suchten und anderen zugestanden.

Epilog: Gründe der Wirkmächtigkeit

Um die enorme Wirkungsgeschichte der reformatorischen Bemühungen Calvins zu erklären, lassen sich unterschiedliche Gründe anführen.

Erstens ist das hohe Maß an Gestaltungswillen und -kraft zu nennen, das Calvins reformatorisches Werk kennzeichnet. Das theologisch begründete Bemühen um die Reformation des Lebens entsprach dem Geist der Zeit und dem Reglementierungsbedarf einer sich im Umbruch befindenden Welt.

Zweitens ist die ökumenische Integrationsfähigkeit der Theologie Calvins hervorzuheben. Auf den Spuren Bucers hat Calvin spezifisch lutherische und reformierte Anliegen aufgenommen. Damit konnte er ähnlich wie Melanchthon innerhalb der Pluralität der reformatorischen Bewegung eine Integrationsleistung vollbringen, die auch täuferisch Gesinnte einschloss.

Drittens ist Calvin eine zeitgemäße Zuspitzung der biblischen Heilsbotschaft gelungen. Luther hatte sie im Kontext seiner mönchischen Existenz und vor dem Hintergrund spätmittelalterlicher Gerichtsfrömmigkeit als Botschaft von der Rechtfertigung sola fide zugespitzt. Für Calvin bildeten nicht primär die Schuldhaftigkeit und die daraus notwendig folgende Verdammnis im Letzten Gericht die eigentliche Not des Menschen. Vielmehr war dies in seinen Augen die Orientierungslosigkeit, das Hin-und-her-geworfen-sein in den Stürmen der Zeit und die Ver-

sklavung durch die fleischlichen Mächte. Die biblische Heilsbot-
schaft konkretisierte sich darum in Vorsehung, Erwählung und
Fürsorge angesichts eines Ausgeliefertseins an diese Welt. Seine
Existenz als Geflüchteter und Fremdling, welche die ihn umge-
benden Pfarrer teilten, war ein anderer und eben in mancher
Hinsicht «modernerer» Erfahrungshorizont als der Luthers.

Calvin hat in den alttestamentlichen Gestalten eines David,
der von der Schafherde zum Führer des Volkes Israel berufen
wurde, oder eines Mose, der an dem Ungehorsam des durch die
Wüste ziehenden Volkes litt, Deutung seines eigenen Lebens gefunden. Und er verstand es, die Glaubensgeschichte Israels mit
allen ihren Höhen und Tiefen gegenwärtig werden zu lassen. In
den Psalmen fand er das gegenwärtige Leben mit allen Beschwernissen gedeutet und in Worte gefasst.

In einer krisenhaften Zeit, in der Orientierungslosigkeit in ver-
stärktem Maß als Bedrohung empfunden wurde, waren Calvins
Schriften eine willkommene Orientierungshilfe. Aber sie waren
eben auch unmittelbarer Trost. Nicht zuletzt deshalb konnte Calvins Werk weit über die Kreise der Theologen in die Welt des le-
senden Publikums wirken. Es ist belegt, dass Calvins Predigten
von französischen Protestanten in den Kämpfen und Verfolgungen als außerordentlich tröstend gehört bzw. gelesen wurden.
So soll etwa Admiral Coligny, einer der Führer des französischen
Protestantismus, Calvins Predigten zum Hiob-Buch täglich gelesen haben (vgl. Mülhaupt, XVII). In diesen Predigten werden
nicht nur ethische Fragen behandelt, sondern auch eingehend die
Fragen von Glauben und Anfechtung thematisiert.

Und schließlich kann *viertens* das spannungsvolle Miteinander eines logisch konsequent durchdachten Gottesbegriffes und
einer innigen, auf die verborgene Gemeinschaft mit Christus
ausgerichteten Frömmigkeit die Anziehungskraft der Lehren
Calvins auf die Eliten in der Frühen Neuzeit erklären.

Calvins Rede von Gott entsprach dem Geist der neuen, anti-
klerikal gesinnten Eliten und ging doch über sie hinaus. So warb
Calvin in den Hiob-Predigten immer wieder aufs Neue dafür,
die Naturordnung als Schauplatz («Theater») göttlichen Handelns wahrzunehmen. Staunend konnte Calvin die Präzision der

Schöpfung und die Regelmäßigkeit der Sternenbahnen beobachten und darin einen Hinweis auf den Baumeister finden. Zugleich aber galt die Warnung, die Grenzen menschlicher Erkenntnis nicht zu vergessen. Wenn ein Mensch all seine Fähigkeiten einsetzte, um Gott zu erkennen, und ihn mit allen seinen Kräften ehren wollte, würde doch nur eine verzerrende Verharmlosung Gottes herauskommen.

Könnten wir Gott in schlimmerer Weise entehren, als seine Größe und Macht in unsere Sinne einschließen zu wollen? Das ist mehr, als wenn ein Mensch Meer und Erde in seiner Faust fassen oder zwischen zwei Fingern halten wollte. Und das ist eine noch größere Vermessenheit, denn Himmel und Erde sind nicht so groß wie die Gerechtigkeit, die Kraft, die Weisheit und die Güte, die in Gott sind – sie sind doch nur kleine Spuren. (CO 34,441 f.)

Calvin führt nicht zum glaubenslosen Rationalismus, sondern richtet den Blick auf den praktischen Zugang zum Heil in der verborgenen Christusgemeinschaft, die im Glauben Wirklichkeit wird. Sie gewinnt gerade als Gegenpol zur Rationalität des Gottesbegriffs, der Gott in weite, dem Menschen unerreichbare Ferne rückt, ihr besonderes Profil. Am 8. August 1555 schreibt Calvin einem befreundeten Theologen (CO 15,722 f.; Schwarz 2,793 f.):

Was ich Dir versprochen habe, nämlich, ich wollte Dir über unser geheimnisvolles Teilhaben an Christus schreiben, das werde ich allerdings nicht so vollständig halten, wie Du hoffst; weil ich, obwohl die Sache von großer Wichtigkeit ist, doch glaube, dass sie unter uns gut mit wenigen Worten sich darstellen lässt. Dass der Gottessohn unser Fleisch annahm, um unser Bruder zu werden, teilhaftig der gleichen Natur wie wir, von diesem Teilhaben brauche ich Dir nicht zu reden. Denn nur um das Teilhaben handelt es sich, das aus seiner himmlischen Herrlichkeit fließt und uns Leben einhaucht und bewirkt, dass wir in einem Leib mit ihm zusammenwachsen. ... Wie das geschieht, das geht weit über das Maß meines Verständnisses hinaus; das muss ich gestehen. Also ich ahne dieses Geheimnis mehr, als dass ich mich mühe, es zu begreifen; nur das erkenne ich, dass durch die Gotteskraft des Geistes Leben vom Himmel auf die Erde herabströmt ... .

Zeittafel

1537	Tod des Bruders Charles
23.4.1538	erzwungener Abschied der Pfarrer Elie Corault, Guillaume Farel und Calvin aus Genf
Sommer 1538	Aufenthalt in Basel
Sept. 1538	Beginn der Tätigkeit als Pfarrer der französischen Flüchtlingsgemeinde und als Lehrer an der Akademie in Straßburg
1539	Neuausgabe der *Institutio*; Antwortschrift an Kardinal Sadolet
Juni–Juli 1540	Religionsgespräch in Hagenau, Besuch Calvins
28.10.1540–18.1.1541	Religionsgespräch in Worms, Beteiligung Calvins
27.4.1541	Beginn des Regensburger Religionsgesprächs unter Beteiligung Calvins
Aug. 1541	Eheschließung mit Idelette van Buren
13.9.1541	Wiederaufnahme der Tätigkeit in Genf
Sept.–Nov. 1541	Diskussion und Annahme der *Ordonnances ecclésiastiques* in Genf
1542/45	Genfer Katechismus (französisch und lateinisch)
1543	Traktat *Über die Reliquien*
1543–1544	Auseinandersetzung mit Sebastian Castellio
1543–1545	Pestepidemie in Genf
Frühjahr 1546	verschärfte Auseinandersetzungen Calvins mit Angehörigen der führenden Familien Genfs
April 1547	Niederlage der Protestanten im Schmalkaldischen Krieg
31.3.1547	Tod König Franz' I. (reg. 1515–1547)
1547–1559	Heinrich II., König von Frankreich
1547	Einrichtung der «chambre ardente»
26.7.1547	Hinrichtung Jacques Gruets
März 1549	Tod der Ehefrau Idelette
1549	*Consensus Tigurinus*
Ende 1551	Auseinandersetzung mit Hieronymus Bolsec über die Prädestinationslehre
Sept. 1553	Eskalation der Auseinandersetzung mit Philibert Berthelier um die Kirchenzucht
27.10.1553	Verbrennung Michael Servets
16.5.1555	Unruhen und Stimmungsumschwung zugunsten Calvins
1559	Gründung der Genfer Akademie
1559	*Confessio Gallicana*
27.5.1564	Tod in Genf

Literaturhinweise

Quellen

Die einzige, weitgehend vollständige Ausgabe der Werke Calvins stammt aus dem 19. Jahrhundert: Calvini opera quae supersunt omnia, hg. v. W. Baum/E. Kunitz/ E. Reuss, 59 Bde., Braunschweig/Berlin 1863–1900 [= CO]; jetzt auch als DVD-Ausgabe, bearb. v. H. J. Selderhuis u. a., Apeldoorn 2005. Eine neue, erst in den Anfängen befindliche historisch-kritische Gesamtausgabe erscheint seit 1992: Ioannis Calvini opera omnia denuo recognita et adnotatione critica instructa notisque, hg. v. I. Backus u. a., Genf 1992 ff. [fortlaufend] [= COR]. Der lateinische Text der Erst- und Letztausgabe der *Institutio christianae religionis* von 1536 und 1559 [abgekürzt: Inst. 1536/Inst., ohne Jahreszahl] wird zitiert nach: Joannis Calvini opera selecta, hg. v. P. Barth/W. Niesel/D. Scheuner, 5 Bde., München 1926–36 [= OS]. Calvins Predigten, die vielfach nur in Mitschriften erhalten sind, werden ediert in: Supplementa Calviniana. Sermons inédits, hg. v. E. Mülhaupt u. a., Neukirchen-Vluyn 1936–2006 [fortlaufend; bisher 10 Bde.]. Deutsche Übersetzung der Erstausgabe der *Institutio* von 1536: Christliche Glaubenslehre, nach der ältesten Ausgabe vom Jahre 1536, ins Deutsche übersetzt von B. Spiess, Wiesbaden 1887; Reprint Zürich 1985. Die letzte, zu Lebzeiten erschienene lateinische Ausgabe der *Institutio* wurde von O. Weber ins Deutsche übersetzt: Unterricht in der christlichen Religion. Institutio Christianae Religionis, Neukirchen-Vluyn (1955) ⁶1997; Online-Ausgabe: http://www.calvin-institutio.de [29.9.2008]. Kleinere Schriften Calvins im lateinischen oder französischen Original mit einer deutschen Übersetzung finden sich in: Calvin-Studienausgabe, hg. v. E. Busch u. a., 6 Bde., Neukirchen-Vluyn 1994–2008. Wichtige Stücke aus der umfangreichen Korrespondenz Calvins sowie Vorreden zu seinen Werken sind in deutscher Übersetzung gedruckt: R. Schwarz (Hg.), Johannes Calvins Lebenswerk in seinen Briefen. Eine Auswahl von Briefen Calvins in deutscher Übersetzung, 3 Bde., Neukirchen-Vluyn (1909) ²1961/62. Wenn möglich, wird nach den genannten deutschen Übersetzungen zitiert.

Hilfsmittel

Auskunft zu allen Aspekten der Biographie, Theologie und Wirkungsgeschichte auf neuestem Forschungsstand: H. J. Selderhuis (Hg.), Calvin-Handbuch, Tübingen 2008. Die bis zum Ende des 16. Jahrhunderts erschienenen Schriften Calvins sind vollständig verzeichnet (mit Faksimile des Titelblatts) in: J.-F. Gilmont/R. Peter, Bibliotheca Calviniana. Les œuvres de Calvin publiées au XVIᶜ siècle. Écrits théologiques, littéraires et juridiques, 3 Bde., Genf 1991/1994/2000. Literatur über Calvin seit dem Beginn des 20. Jahrhunderts: W. Niesel, Calvin-Bibliographie 1901–1959, München 1961; D. Kempff, A Bibliography of Calviniana 1959–1974, Leiden 1975; P. de Klerk u. a., Calvin Bibliography, in: Calvin Theological Journal 7 ff.

(1971 ff.) [jährlich]; Neueste Jahrgänge 1997 ff. (laufend aktualisiert): http://www.calvin.edu/meeter/bibliography/ [29.9.2008]. Die einschlägige Literatur zu Calvin ist auch verzeichnet in: Archiv für Reformationsgeschichte. Literaturbericht. Knappe Informationen zu wichtigen Schriften bietet: W. de Greef, The Writings of John Calvin. An Introductory Guide, translated by L. D. Bierma, Grand Rapids, Michigan/Leicester 1993 [zuerst in niederländ. Sprache: Kampen 1989].

Zur Biographie Calvins

H. Bolsec, Warhaffte History / Vom Leben / Sitten / Thaten / Lehr vnd Todt Joannis Caluini / vormals gewesenen obersten Kirchendieners zu Genff, Köln 1580 [zuerst lateinisch: 1577]; W. J. Bouwsma, John Calvin. A Sixteenth-Century Portrait, Oxford 1988; J. Cadier, Calvin. Der Mann, den Gott bezwungen hat, Zollikon 1959; B. Cottret, Calvin. Eine Biographie. Aus dem Französischen von W. Stingl, Stuttgart 1998 [zuerst: Paris 1995]; D. Crouzet, Jean Calvin. Vies parallèles, Paris 2000; E. Doumergue, Jean Calvin. Les hommes et les choses de son temps, 7 Bde., Lausanne 1899–1927; W. H. Neuser, Johannes Calvin, Berlin/New York 1971; Th. H. L. Parker, John Calvin. A Biography, London 1975; U. Plath, Calvin und Basel in den Jahren 1552–1556, Zürich 1974; F. de Raemond, L'histoire de la naissance, progrez et decadence de l'heresie de ce siecle, divise en huit livres, Rouen 1618 [zuerst: 1605]; E. Stähelin, Johannes Calvin, 2 Bde., Elberfeld 1863.

Zur Theologie Calvins

R. Muller, The Unaccommodated Calvin. Studies in the Foundation of a Theological Tradition, New York/Oxford 2000; W. Niesel, Die Theologie Calvins, München (1938) ²1957; Th. H. L. Parker, Calvin. An Introduction to His Thought, Louisville, Ky. 1995; W. van't Spijker, Calvin. Biographie und Theologie, übers. v. H. Stoevesandt, Göttingen 2001; C. Strohm, Das Theologieverständnis bei Calvin und in der frühen reformierten Orthodoxie, in: Zeitschrift für Theologie und Kirche 98 (2001), S. 310–343; F. Wendel, Calvin. Ursprung und Entwicklung seiner Theologie, Neukirchen-Vluyn 1968 [zuerst in franzos. Sprache: Genf 1950].

Einzelne Themen

A. Biéler, La pensée économique et sociale de Calvin, Genf 1961; J. Bohatec, Budé und Calvin. Studien zur Gedankenwelt des französischen Frühhumanismus, Graz 1950; J. Bohatec, Calvin und das Recht, Feudingen i. W. 1934; P. Brunner, Vom Glauben bei Calvin, Tübingen 1925; J. Courvoisier, Les catéchismes de Genève et de Strasbourg. Etude sur le développement de la pensée de Calvin, in: Bulletin de la société d'histoire du protestantisme français 84 (1935), S. 105–121; A. Ganoczy, Le jeune Calvin. Genèse et évolution de sa vocation réformatrice, Wiesbaden 1966; H. Höpfl, The Christian Polity of John Calvin, Cambridge et al. (1982) 1985; W. Kolfhaus, Christusgemeinschaft bei Johannes Calvin, Neukirchen 1939; W. Krusche, Das Wirken des Heiligen Geistes nach Calvin, Göttingen 1957; O. Millet, Calvin et la dynamique de la parole. Etude de rhétorique réformée, Paris 1992; E. Mülhaupt, Die Predigt Calvins, ihre Geschichte, ihre Form und ihre religiösen Grundgedanken, Berlin/Leipzig 1931; W. G. Naphy, Calvin and the Consolidation of the Genevan Reformation, Manchester/New York 1994; Neuausg. Louisville, Ky. 2003; P. Opitz, Calvins theologische Hermeneutik, Neukirchen-Vluyn 1994; Th. H. L. Parker, Calvin's Preaching, Edinburgh 1992; E. Pfisterer, Calvins Wirken in Genf, Neukirchen-Vluyn ²1957.

Zur Wirkungsgeschichte

P. Benedict, Christ's Churches Purely Reformed. A Social History of Calvinism, New Haven/London 2002; R. C. Gamble, Calvin and Calvinism. A Fourteen-Volume Anthology of Scholarly Articles, New York/London 1992; W. F. Graham, The Constructive Revolutionary John Calvin. His Socio-Economic Impact, Richmond, Va. 1971; W. F. Graham (Hg.), Later Calvinism. International perspectives, Kirksville, Mo. 1994; J. Lecler, Geschichte der Religionsfreiheit im Zeitalter der Reformation, 2 Bde., Stuttgart 1965; H. Lehmann, Max Webers «Protestantische Ethik», Göttingen 1996; J. Th. McNeill, The History and Character of Calvinism, London/Oxford/New York 1962; G. Mützenberg, L'Obsession calviniste, Genf 1979; J. Rohls, Zwischen Bildersturm und Kapitalismus. Der Beitrag des reformierten Protestantismus zur Kulturgeschichte Europas, Wuppertal 1999; H. Schilling (Hg.), Die reformierte Konfessionalisierung in Deutschland – Das Problem der «Zweiten Reformation». Wissenschaftliches Symposion des Vereins für Reformationsgeschichte 1985, Gütersloh 1986; H. Schilling, Civic Calvinism in Northwestern Germany and the Netherlands, Kirksville, Mo. 1991; C. Strohm, Ethik im frühen Calvinismus. Humanistische Einflüsse, philosophische, juristische und theologische Argumentationen sowie mentalitätsgeschichtliche Aspekte am Beispiel des Calvin-Schülers Lambertus Danaeus, Berlin/New York 1996; C. Strohm, Calvinismus und Recht. Weltanschaulich-konfessionelle Aspekte im Werk reformierter Juristen in der Frühen Neuzeit, Tübingen 2008; E. Troeltsch, Die Soziallehren der christlichen Kirchen und Gruppen. Reprint der Ausg. Tübingen 1912 in 2 Tlbdn., Tübingen 1994; M. Weber, Die protestantische Ethik, hg. v. J. Winckelmann, 2 Bde., Gütersloh ⁸1991, ⁵1987; J. Witte Jr., The Reformation of Rights. Law, Religion, and Human Rights in Early Modern Calvinism, Cambridge 2007.

Sammelwerke

Einen guten Überblick über die neue Forschung zu Calvins Theologie geben die Berichtsbände der regelmäßig stattfindenden Kongresse zur Calvin-Forschung:
W. H. Neuser (Hg.), Calvinus Theologus, Neukirchen-Vluyn 1976; W. H. Neuser (Hg.), Calvinus ecclesiae doctor, Kampen o. J.; W. H. Neuser (Hg.), Calvinus ecclesiae Genevensis custos, Frankfurt a. M. u. a. 1984; W. H. Neuser (Hg.), Calvinus servus Christi, Budapest 1988; W. H. Neuser (Hg.), Calvinus sacrae scripturae professor. Calvin as Confessor of Holy Scripture, Grand Rapids, Mich. 1994; W. H. Neuser/B. G. Armstrong (Hg.), Calvinus sincerioris religionis vindex. Calvin as protector of the purer religion, Kirksville, Mo. 1997; H. J. Selderhuis (Hg.), Calvinus præceptor ecclesiæ, Genf 2004; H. J. Selderhuis (Hg.), Calvinus sacrarum literarum interpres, Göttingen 2008.

Personenregister